Classics of Men's Rights

Condensed Shaw Alphabet Edition

Edited and Transliterated
by
Tim Browne

Classics of Men's Rights: Condensed Shaw Alphabet Edition
Published by Shaw Alphabet Books in cooperation with Lulu Press, Inc.

First Edition
10 9 8 7 6 5 4 3 2 1
ISBN 978-0-9918193-4-8

·𐑖𐑷 3.0 font designed and created by Tim Browne, available for download at
http://www.shawalphabetbooks.com/downloads/.
Visit us on the web at www.shawalphabetbooks.com and www.lulu.com.

·𐑒𐑤𐑨𐑕𐑦𐑒𐑕 𐑝 ·𐑥𐑧𐑯𐑟 ·𐑮𐑲𐑑𐑕: ·𐑒𐑩𐑯𐑛𐑧𐑯𐑕𐑑 ·𐑖𐑷 ·𐑨𐑤𐑓𐑩𐑚𐑧𐑑 ·𐑦𐑛𐑦𐑖𐑩𐑯
𐑐𐑳𐑚𐑤𐑦𐑖𐑑 𐑚𐑲 ·𐑖𐑷 ·𐑨𐑤𐑓𐑩𐑚𐑧𐑑 ·𐑚𐑫𐑒𐑕 𐑦𐑯 𐑒𐑴𐑪𐑐𐑼𐑱𐑖𐑩𐑯 𐑢𐑦𐑞 ·𐑤𐑵𐑤𐑵 ·𐑐𐑮𐑧𐑕, ·𐑦𐑙𐑒.

𐑓𐑻𐑕𐑑 𐑦𐑛𐑦𐑖𐑩𐑯
10 9 8 7 6 5 4 3 2 1
·𐑲𐑕𐑚𐑯 978-0-9918193-4-8

·𐑖𐑷 3.0 𐑓𐑪𐑯𐑑 𐑛𐑦𐑟𐑲𐑯𐑛 𐑯 𐑒𐑮𐑦𐑱𐑑𐑩𐑛 𐑚𐑲 ·𐑑𐑦𐑥 ·𐑚𐑮𐑬𐑯, 𐑩𐑝𐑱𐑤𐑩𐑚𐑩𐑤 𐑓 𐑛𐑬𐑯𐑤𐑴𐑛 𐑨𐑑
http://www.shawalphabetbooks.com/downloads/.
𐑝𐑦𐑟𐑦𐑑 𐑳𐑕 𐑪𐑯 𐑞 𐑢𐑧𐑚 𐑨𐑑 www.shawalphabetbooks.com 𐑯 www.lulu.com.

·𐑑𐑱𐑚𐑩𐑤 𐑝 ·𐑒𐑪𐑯𐑑𐑧𐑯𐑑𐑕

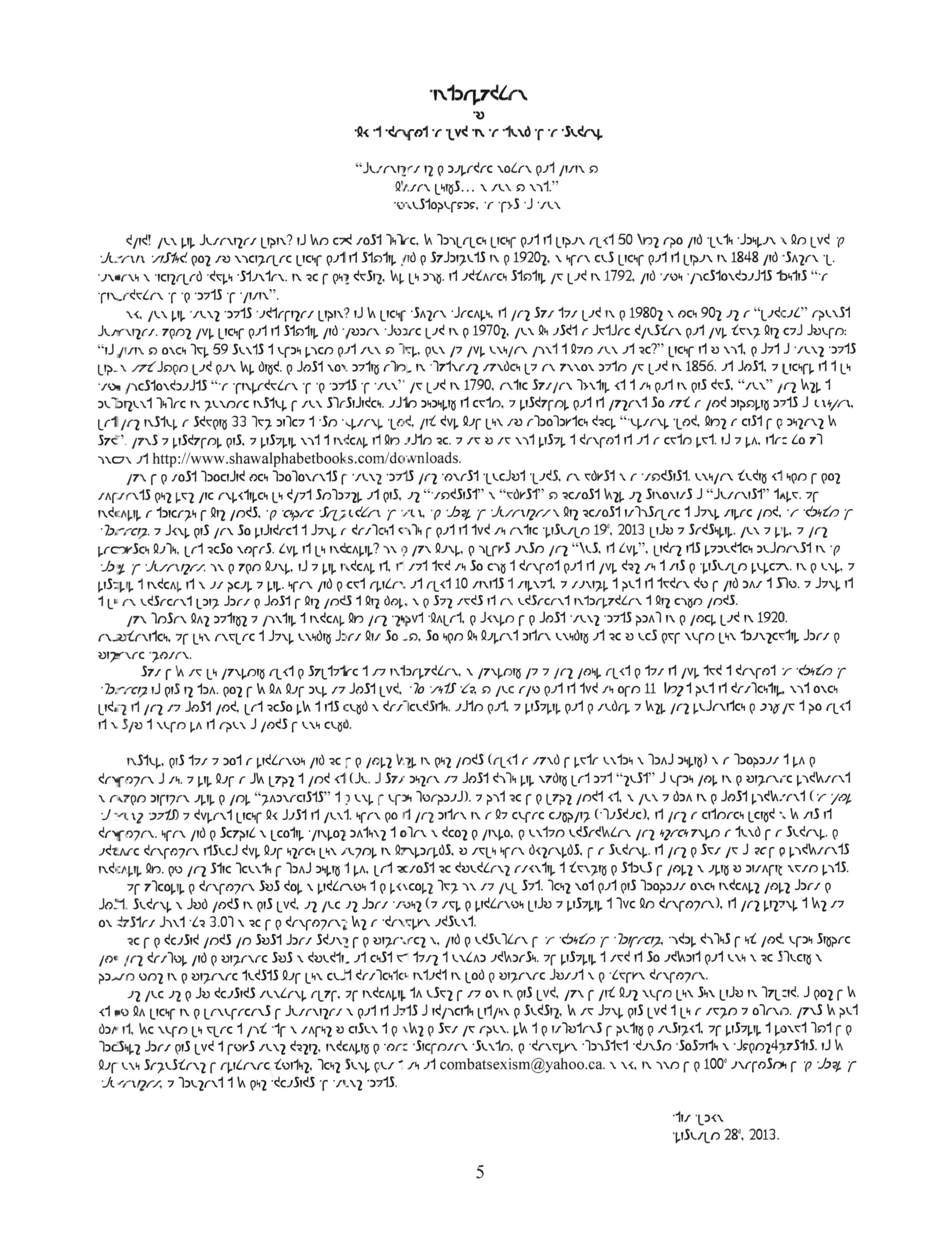

[illegible]

[illegible]

[illegible]

"[illegible]
[illegible]… [illegible]."
[illegible]

[illegible] 50 [illegible] 1920[illegible] 1848 [illegible] 1792, [illegible] "[illegible]".

[illegible] 1980[illegible] 90[illegible] "[illegible]" [illegible] 1970[illegible]: "[illegible] 59 [illegible]?" [illegible] 1856. [illegible] "[illegible]" [illegible] 1790, [illegible] "[illegible]" [illegible] 33 [illegible] "[illegible]" [illegible] http://www.shawalphabetbooks.com/downloads.

[illegible] "[illegible]" [illegible] "[illegible]" [illegible] "[illegible]" [illegible] 19th, 2013 [illegible]? [illegible] "[illegible]", [illegible] 10 [illegible].

[illegible] 1920. [illegible].

[illegible] 11 [illegible].

[illegible] "[illegible]" [illegible] "[illegible]" [illegible] ([illegible]). [illegible] ([illegible]), [illegible].

[illegible] ([illegible]), [illegible] 3.0[illegible].

[illegible].

[illegible] combatsexism@yahoo.ca. [illegible] 100th [illegible].

[illegible]
[illegible] 28th, 2013.

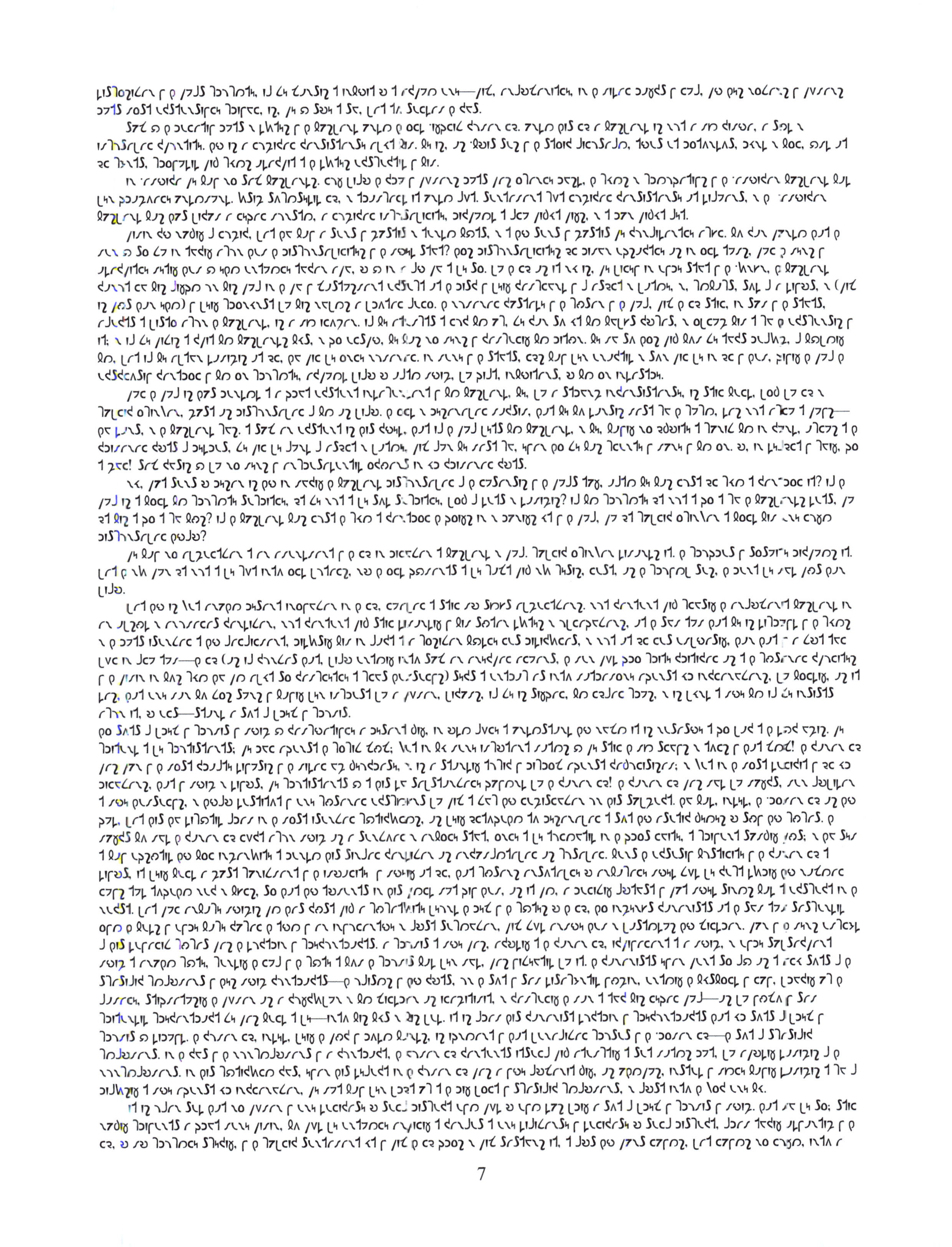

[illegible]

[illegible]

[illegible]

[illegible]

[[illegible] VII, [illegible] 1856, [illegible] XXXVIII, [illegible] 208-213.]

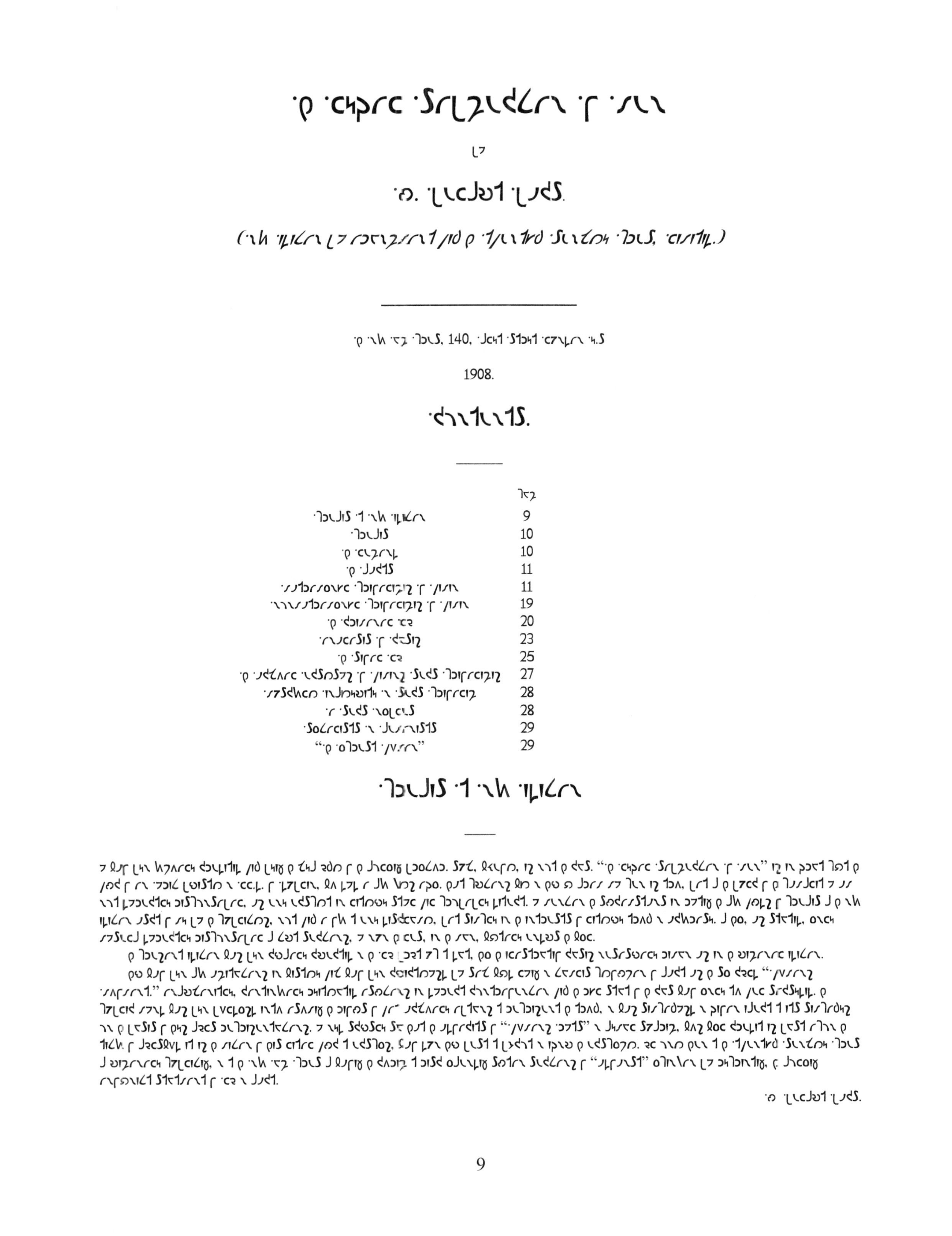

[illegible]

[illegible]

[illegible]

[illegible]

[illegible], 140, [illegible]

1908.

[illegible]

[illegible]

[illegible]

[illegible]

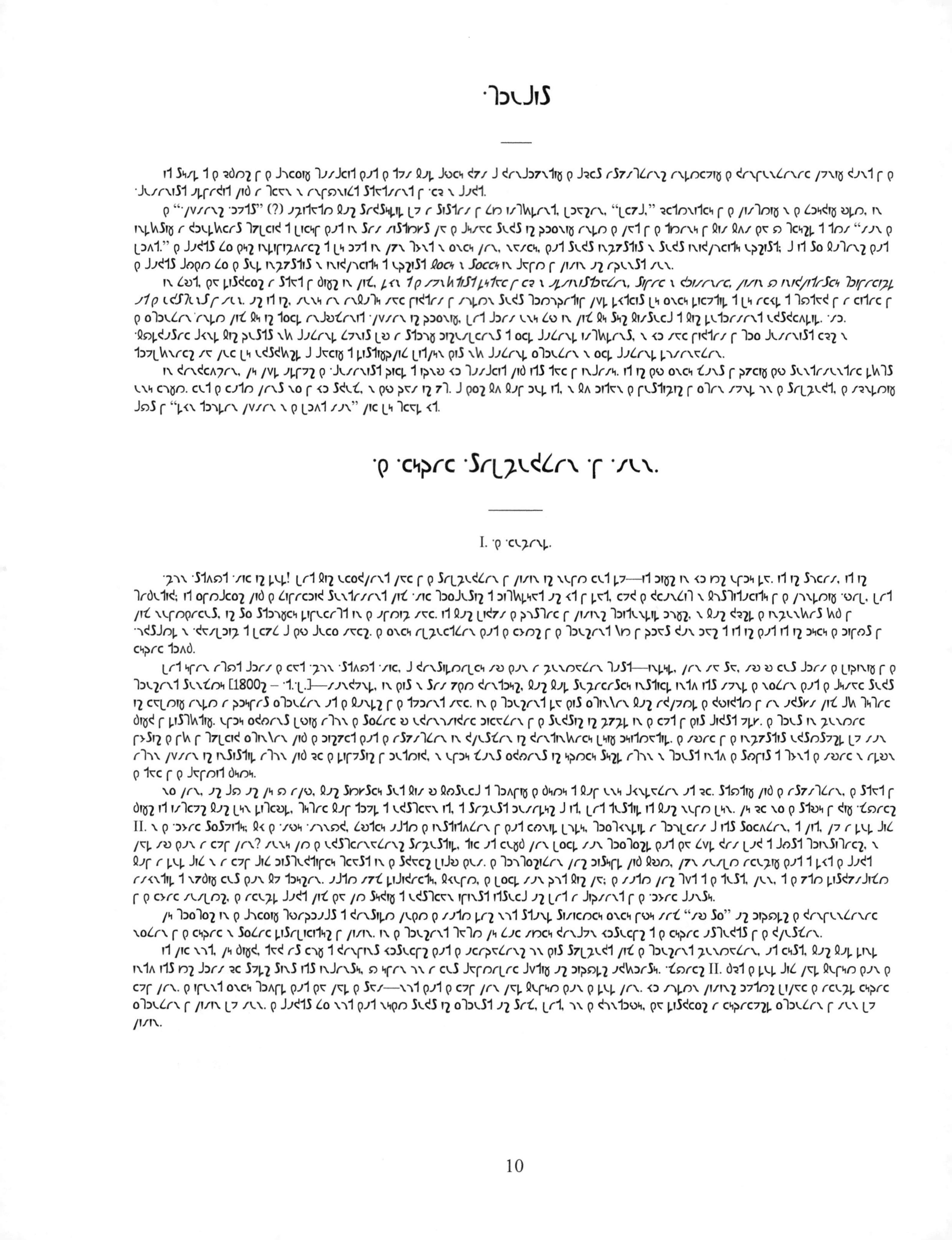

[illegible]

[illegible]

[illegible] (?) [illegible]

[illegible]

[illegible]

[illegible]

I. [illegible]

[illegible]

[illegible] [1800s – [illegible]] [illegible]

[illegible]

[illegible]

[illegible]

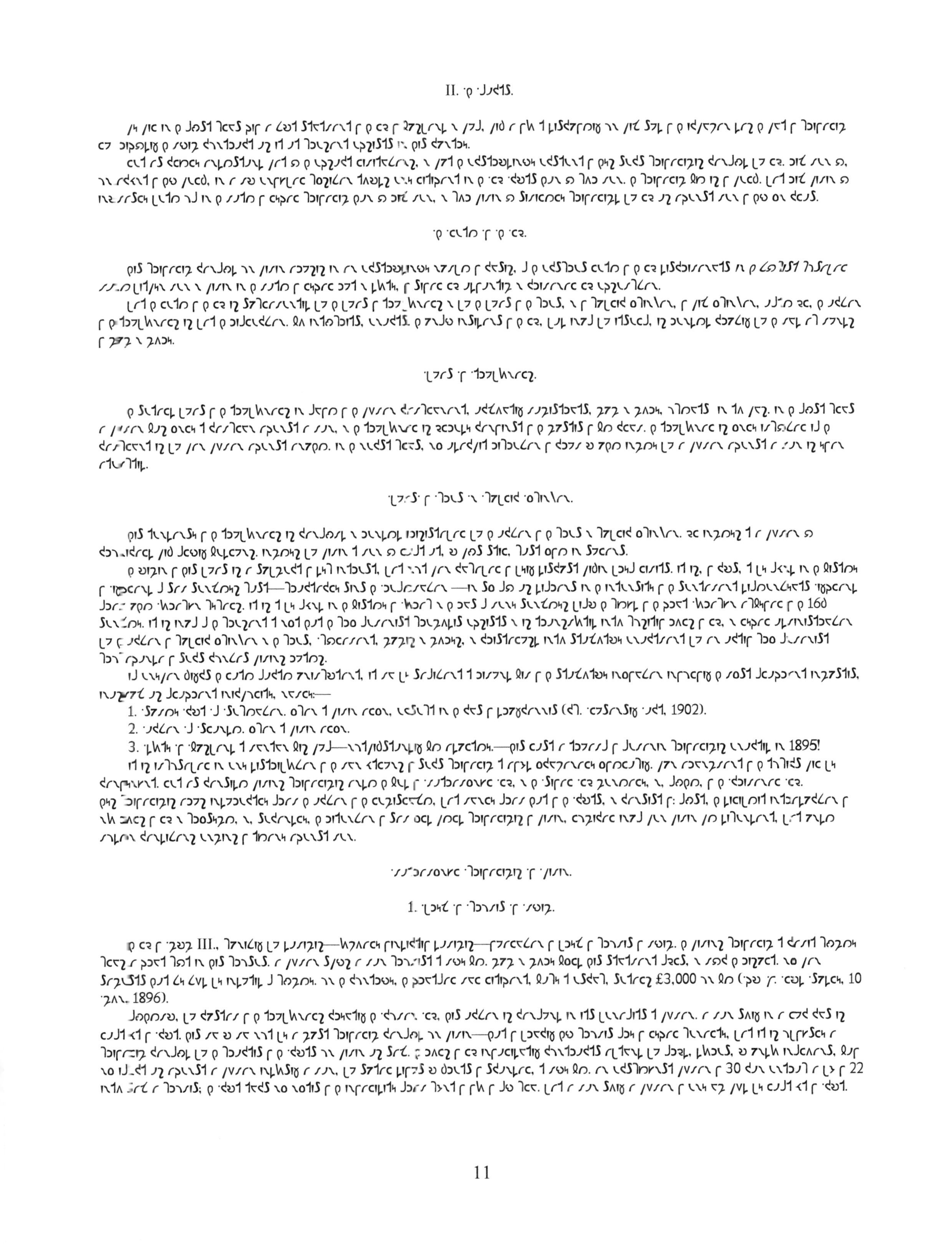

II. [illegible]

[illegible]

[illegible]

[illegible]

[illegible]

[illegible] 160 [illegible]

[illegible]

[illegible]

[illegible]

[illegible]

[illegible]

1. [illegible] (… 1902).
2. [illegible]
3. [illegible] 1895!

[illegible]

[illegible]

1. [illegible]

[illegible] III., [illegible] £3,000 [illegible] 10 [illegible] 1896).

[illegible] 30 [illegible] 22 [illegible]

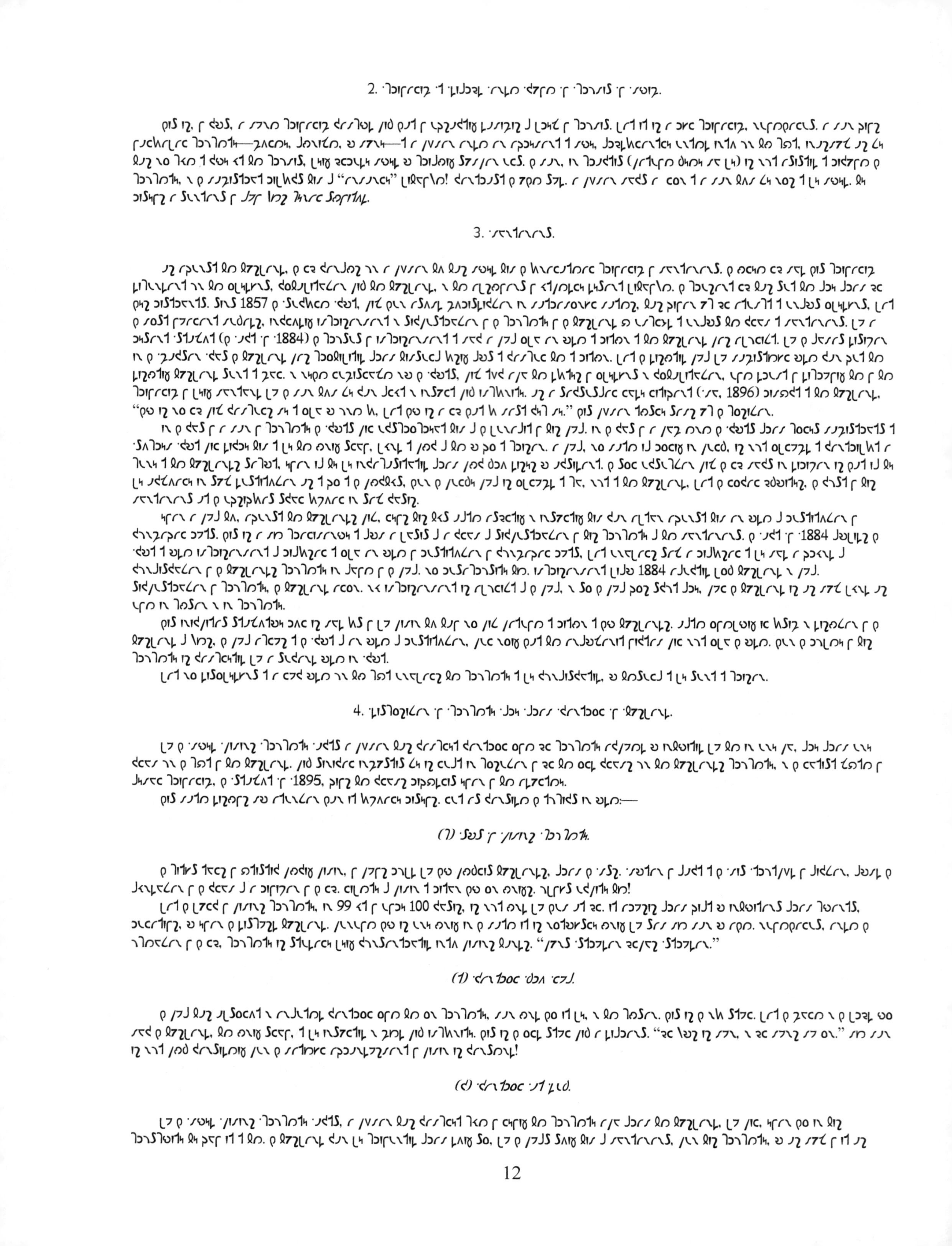

2. [illegible]

[illegible]

3. [illegible]

[illegible] 1857 [illegible] 1884 [illegible] 1896 [illegible]

[illegible] 1884 [illegible] 1884 [illegible]

[illegible]

[illegible]

4. [illegible]

[illegible] 1895 [illegible]

[illegible]

(1) [illegible]

[illegible]

[illegible] 99 [illegible] 100 [illegible]

(2) [illegible]

[illegible]

(3) [illegible]

[illegible]

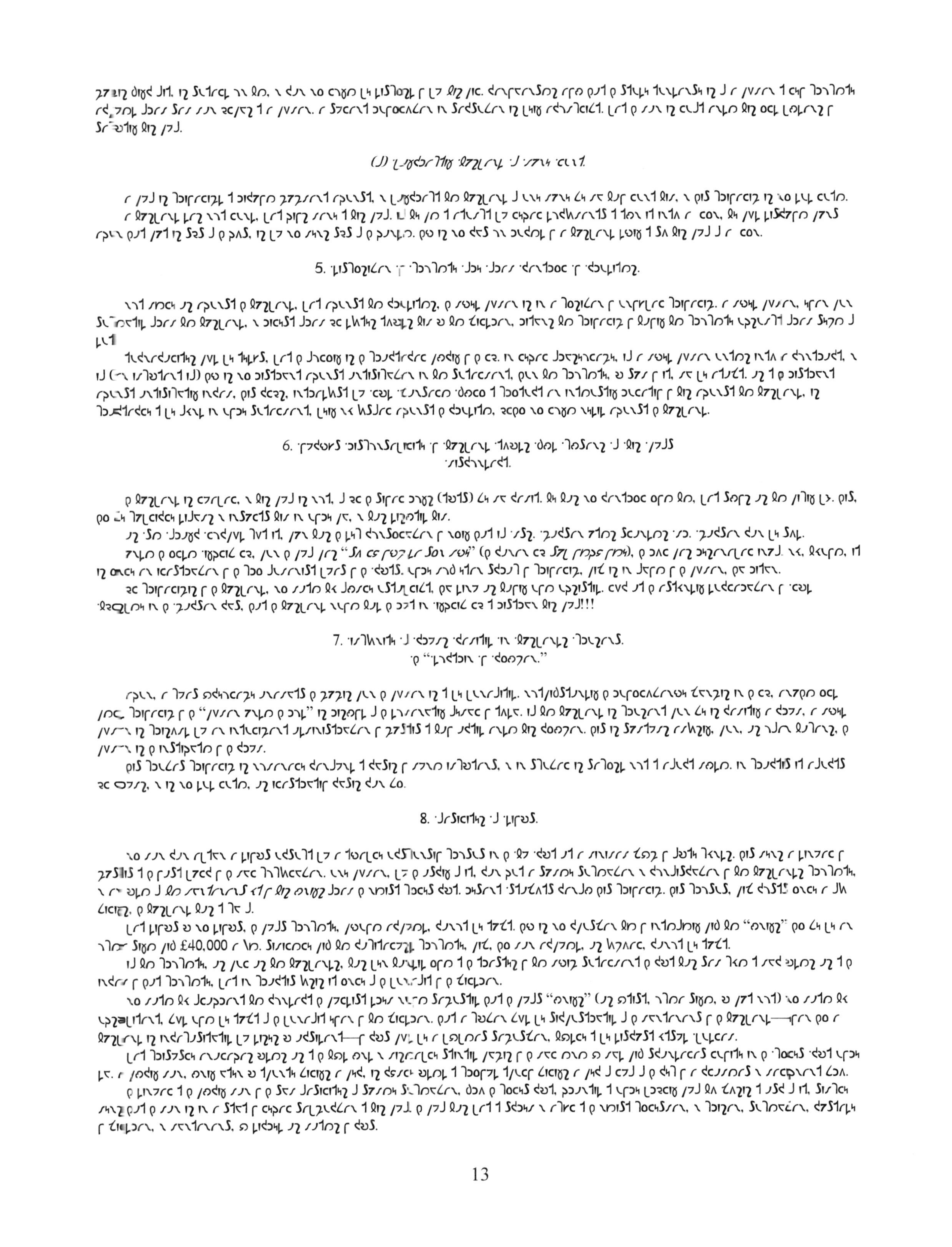

[illegible]

[illegible]

[illegible]

5. [illegible]

[illegible]

6. [illegible]

[illegible]

7. [illegible]

[illegible]

8. [illegible]

[illegible] £40,000 [illegible]

[illegible]

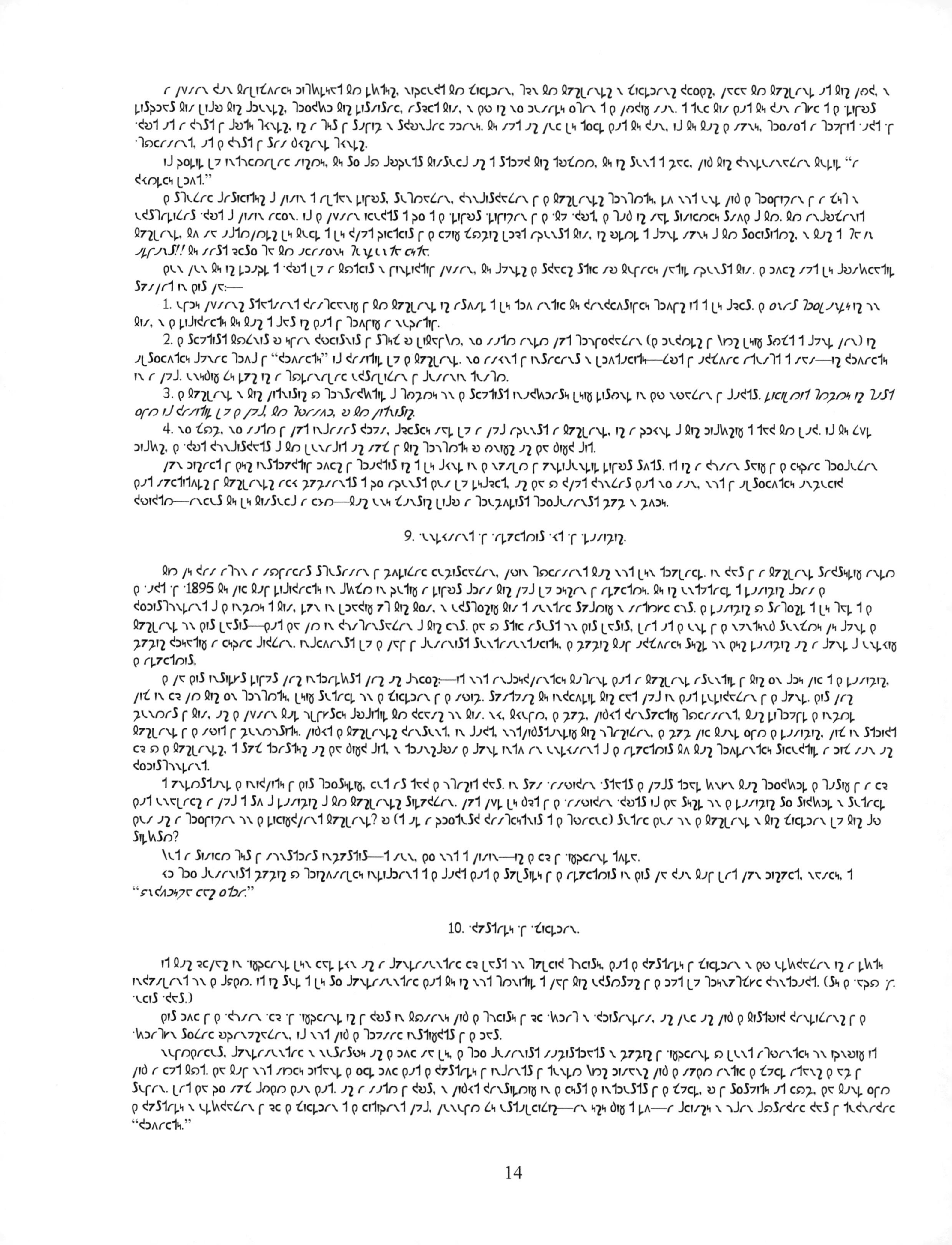

[illegible]

[illegible]

[illegible]

[illegible]

1. [illegible]

2. [illegible]

3. [illegible]

4. [illegible]

[illegible]

9. [illegible]

[illegible] 1895 [illegible]

[illegible]

[illegible]

[illegible]

[illegible]

10. [illegible]

[illegible]

[illegible]

[illegible]

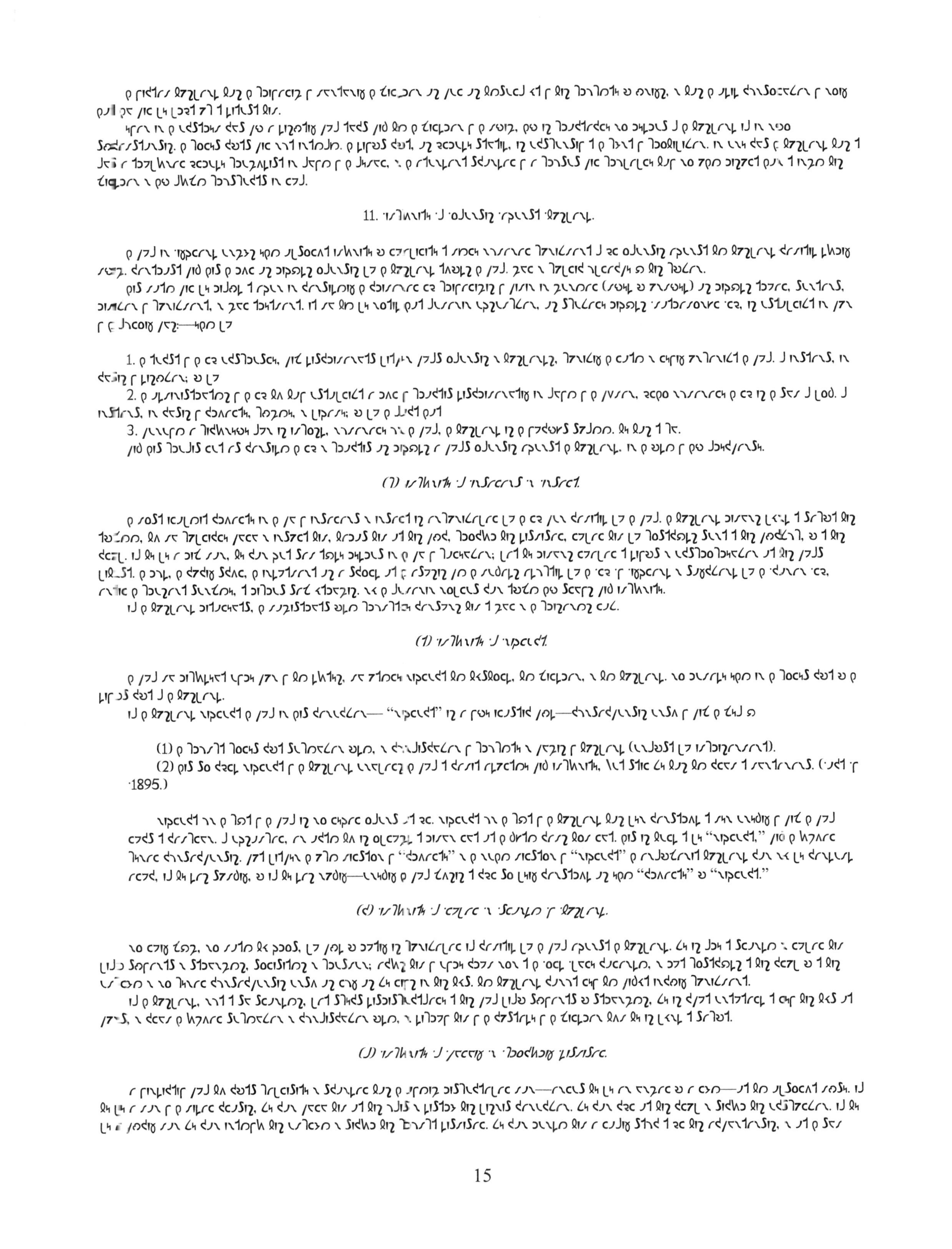

[illegible]

[illegible]

11. [illegible]

[illegible]

[illegible]

1. [illegible]
2. [illegible]
3. [illegible]

[illegible]

(?) [illegible]

[illegible]

(?) [illegible]

[illegible]

(1) [illegible]

(2) [illegible] 1895.)

[illegible]

(?) [illegible]

[illegible]

(?) [illegible]

[illegible]

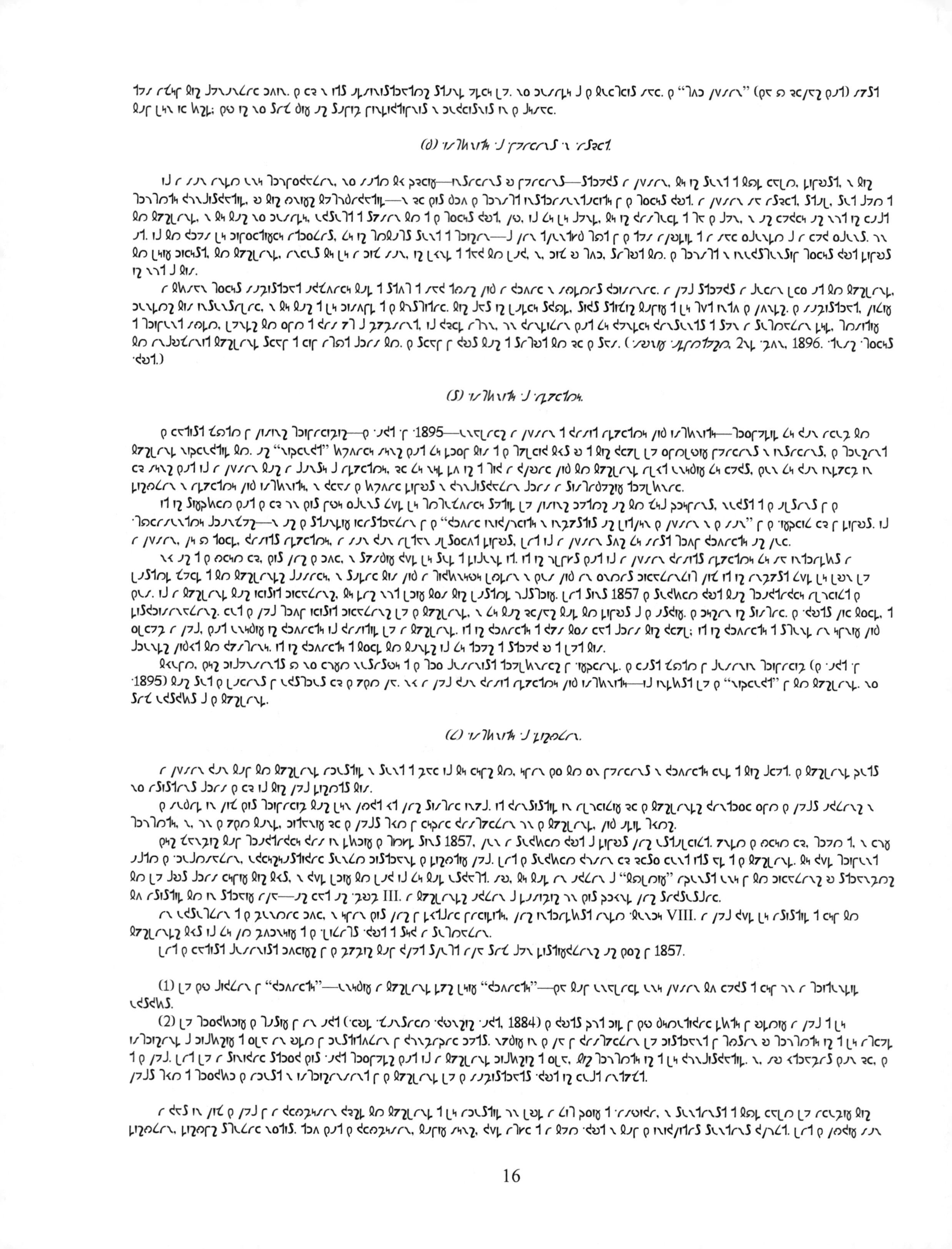

[illegible]

[illegible]

[illegible]

[illegible]

[illegible]

[illegible]

[illegible]

[illegible]

[illegible]

[illegible]

[illegible]

[illegible]

[illegible]

[illegible]

[illegible]

[illegible]

(1) [illegible]

(2) [illegible]

[illegible]

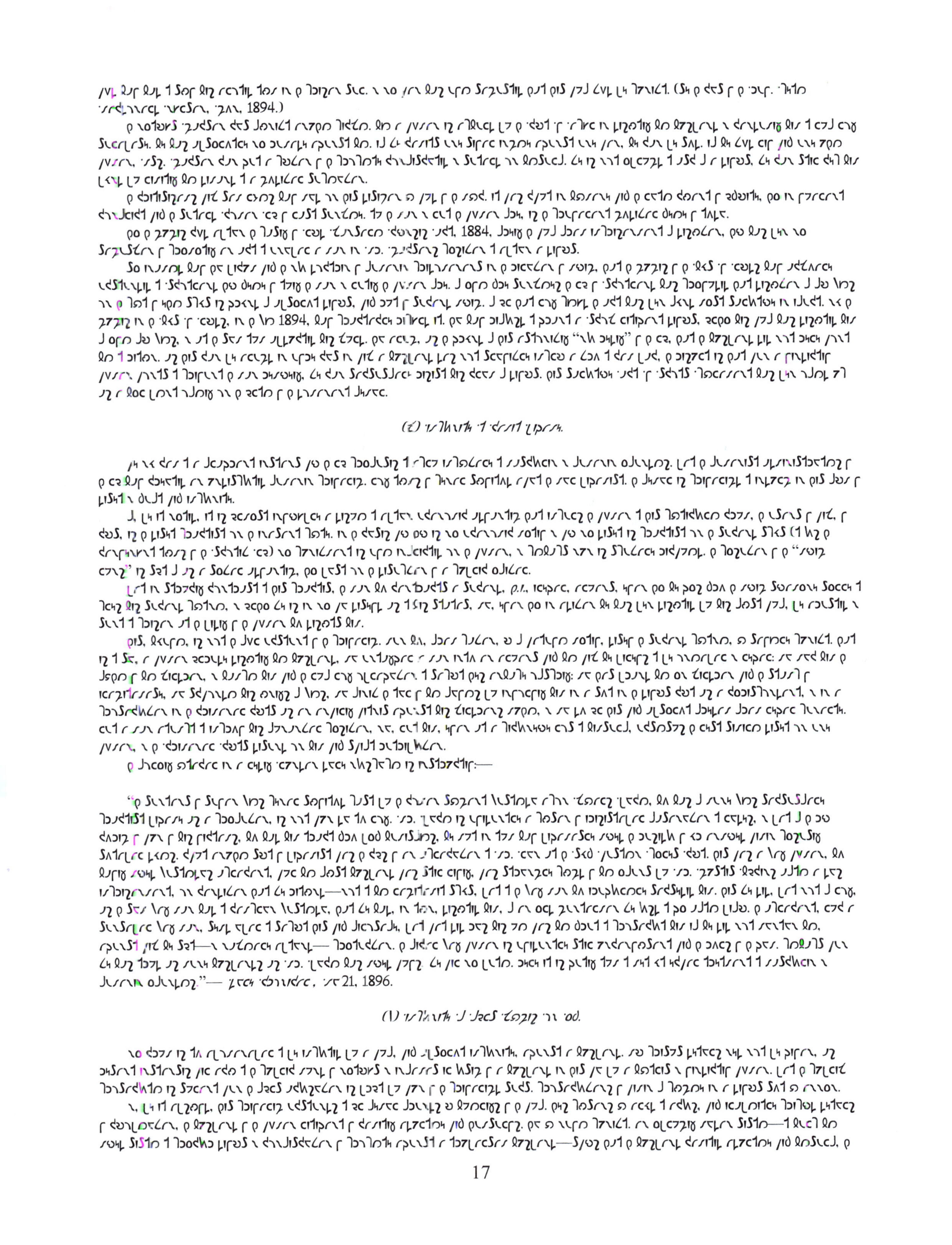

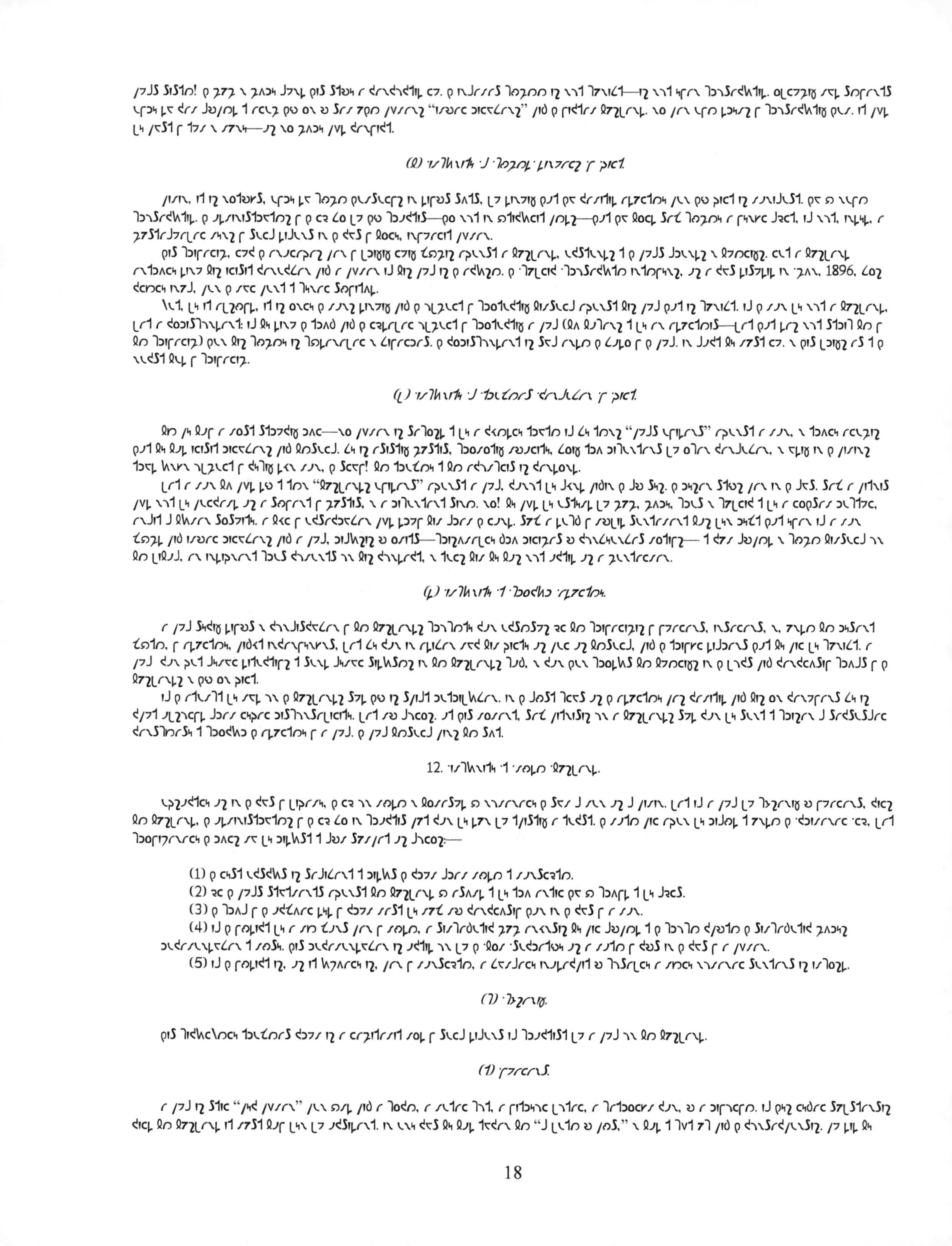

[illegible]

(a) [illegible]

[illegible] 1896, [illegible]

[illegible]

(b) [illegible]

[illegible]

[illegible]

(c) [illegible]

[illegible]

[illegible]

12. [illegible]

[illegible]

(1) [illegible]

(2) [illegible]

(3) [illegible]

(4) [illegible]

(5) [illegible]

(a) [illegible]

[illegible]

(1) [illegible]

[illegible]

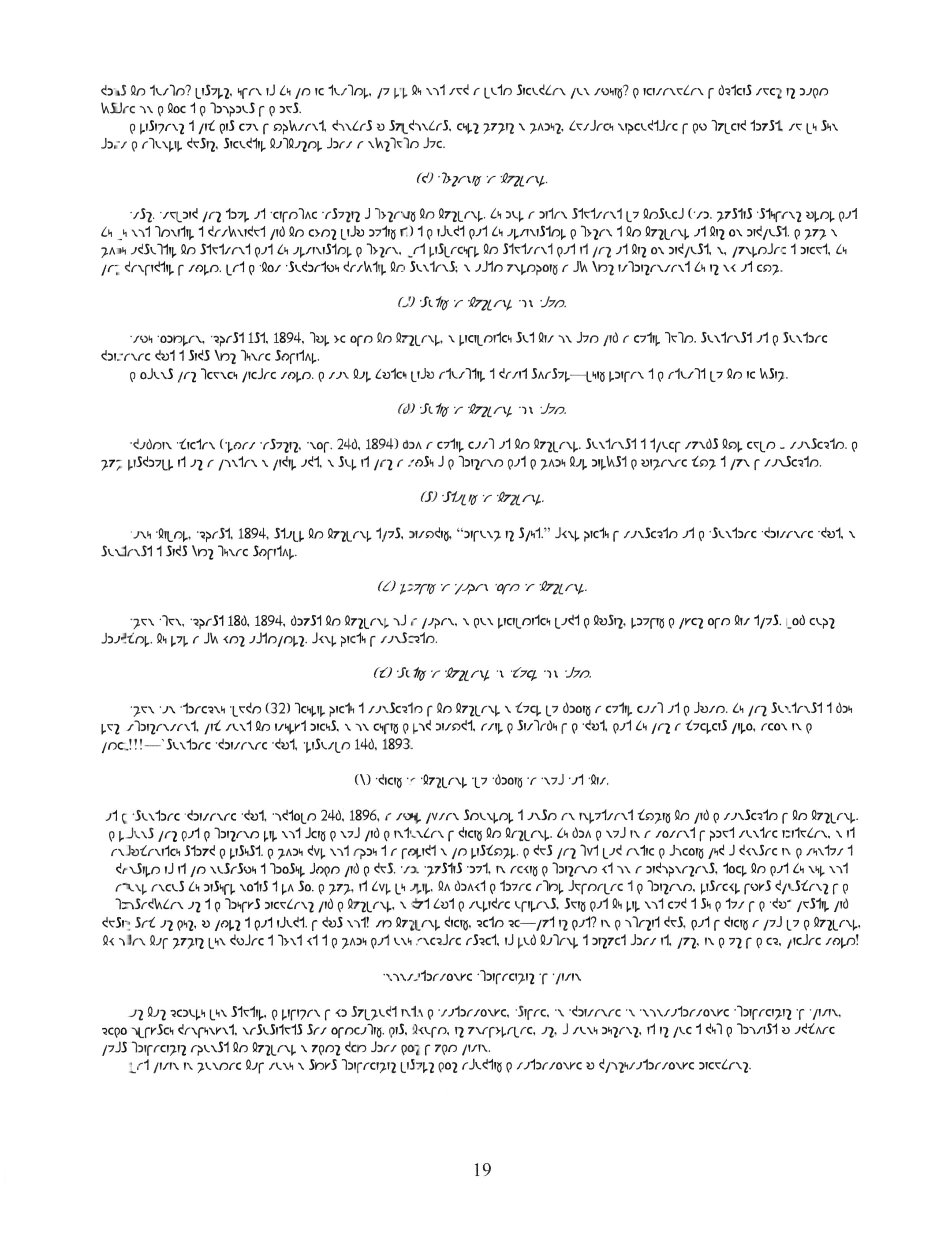

[illegible]? [illegible]

[illegible]

(1) [illegible]

[illegible]

(2) [illegible]

[illegible] 1894, [illegible]

[illegible]

(3) [illegible]

[illegible] 240, 1894) [illegible]

(4) [illegible]

[illegible], 1894, [illegible], "[illegible]." [illegible]

(5) [illegible]

[illegible] 180, 1894, [illegible]

(6) [illegible]

[illegible] (32) [illegible]!!!—[illegible] 140, 1893.

(7) [illegible]

[illegible] 240, 1896, [illegible]!

[illegible]

[illegible]

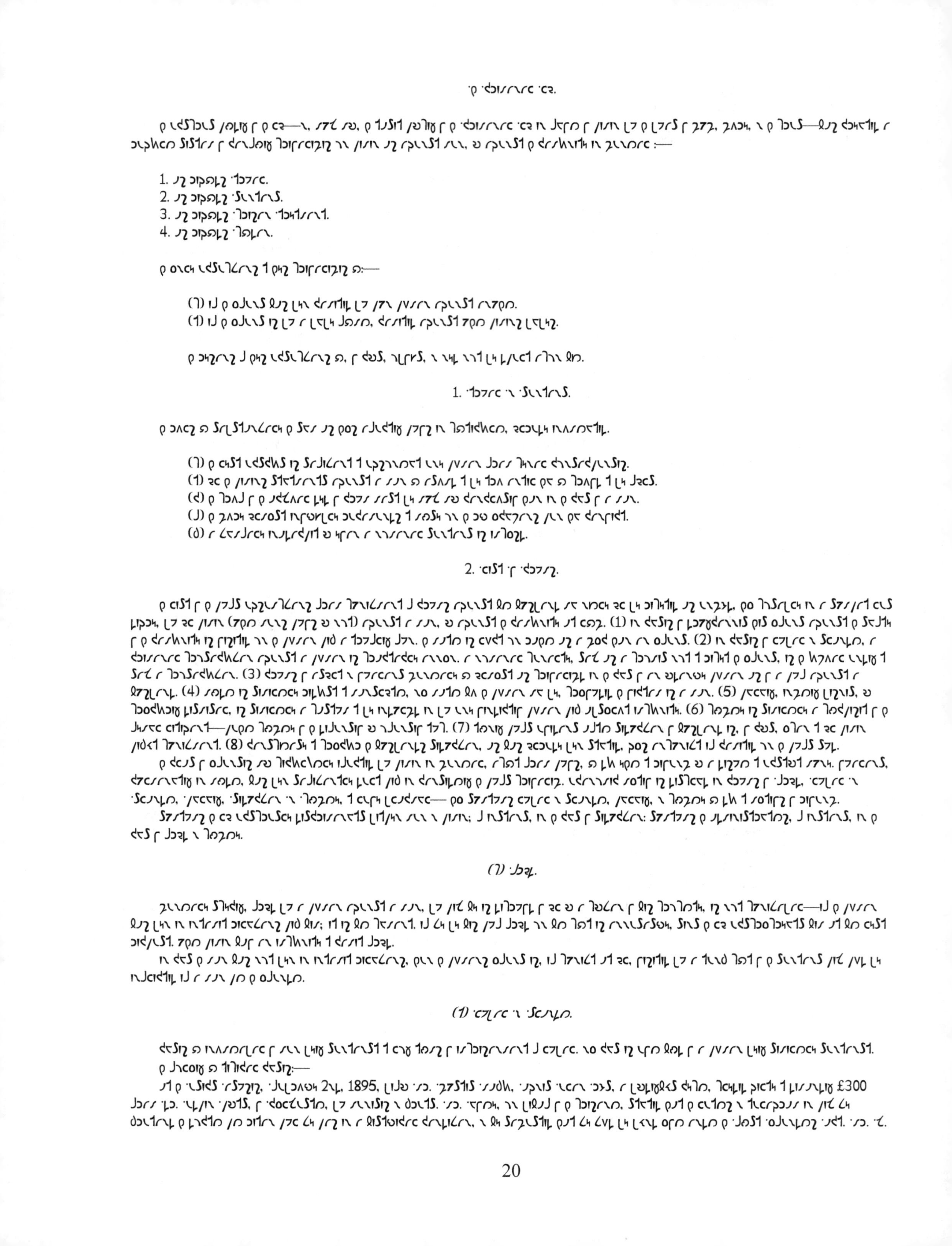

[illegible]

[illegible]

1. [illegible]
2. [illegible]
3. [illegible]
4. [illegible]

[illegible]

(1) [illegible]
(2) [illegible]

[illegible]

1. [illegible]

[illegible]

(1) [illegible]
(2) [illegible]
(3) [illegible]
(4) [illegible]
(5) [illegible]

2. [illegible]

[illegible] (1) [illegible] (2) [illegible] (3) [illegible] (4) [illegible] (5) [illegible] (6) [illegible] (7) [illegible] (8) [illegible]

[illegible]

[illegible]

(1) [illegible]

[illegible]

[illegible]

(2) [illegible]

[illegible]

[illegible]

[illegible] 1895, [illegible] £300 [illegible]

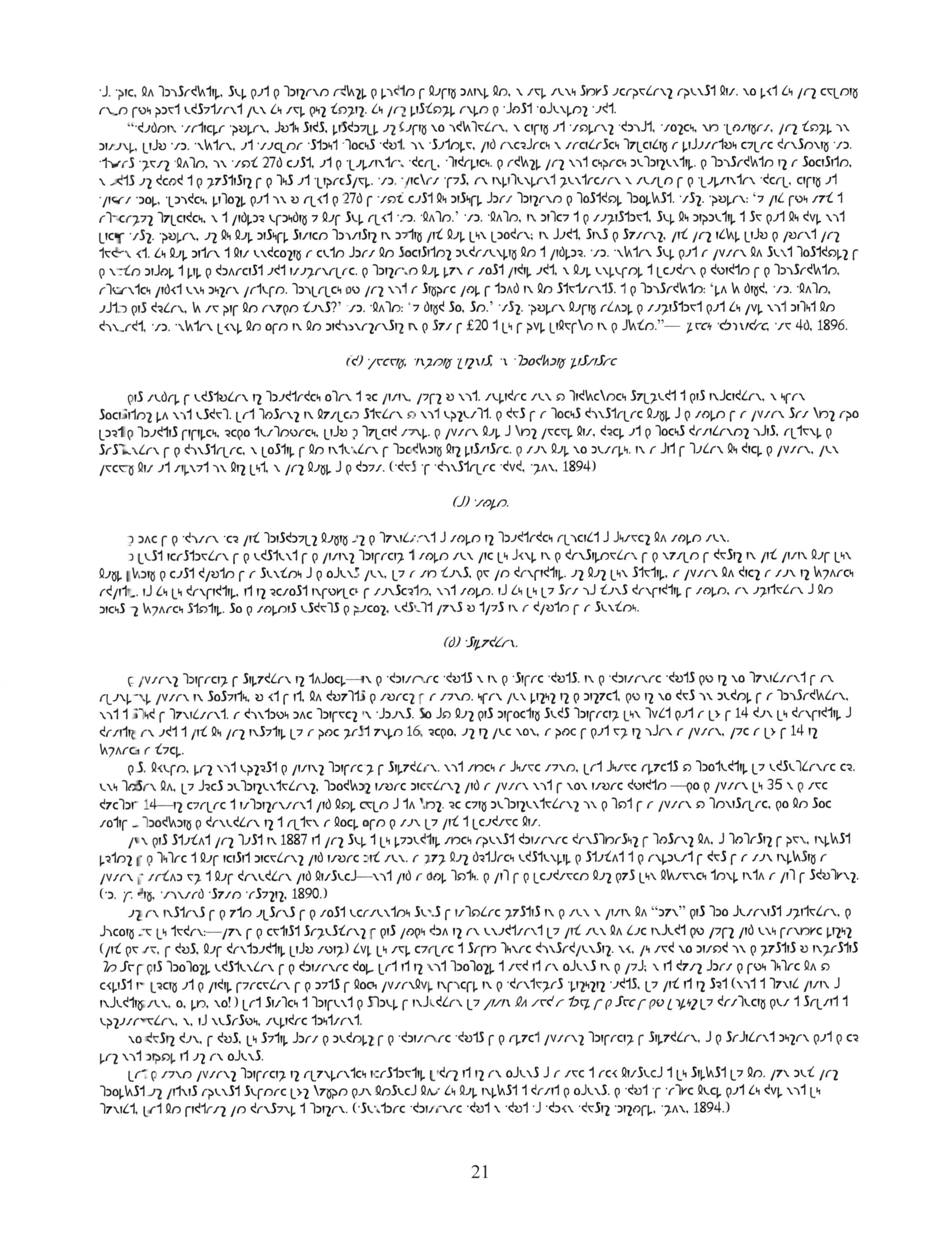

[illegible] 270 [illegible] 270 [illegible] £20 [illegible] 40, 1896.

(c) [illegible]

[illegible] 1894)

(J) [illegible]

[illegible]

(d) [illegible]

[illegible] 14 [illegible] 16, [illegible] 14 [illegible]

[illegible] 35 [illegible] 14 [illegible]

[illegible] 1887 [illegible] 1890.)

[illegible]

[illegible]

[illegible] 1894.)

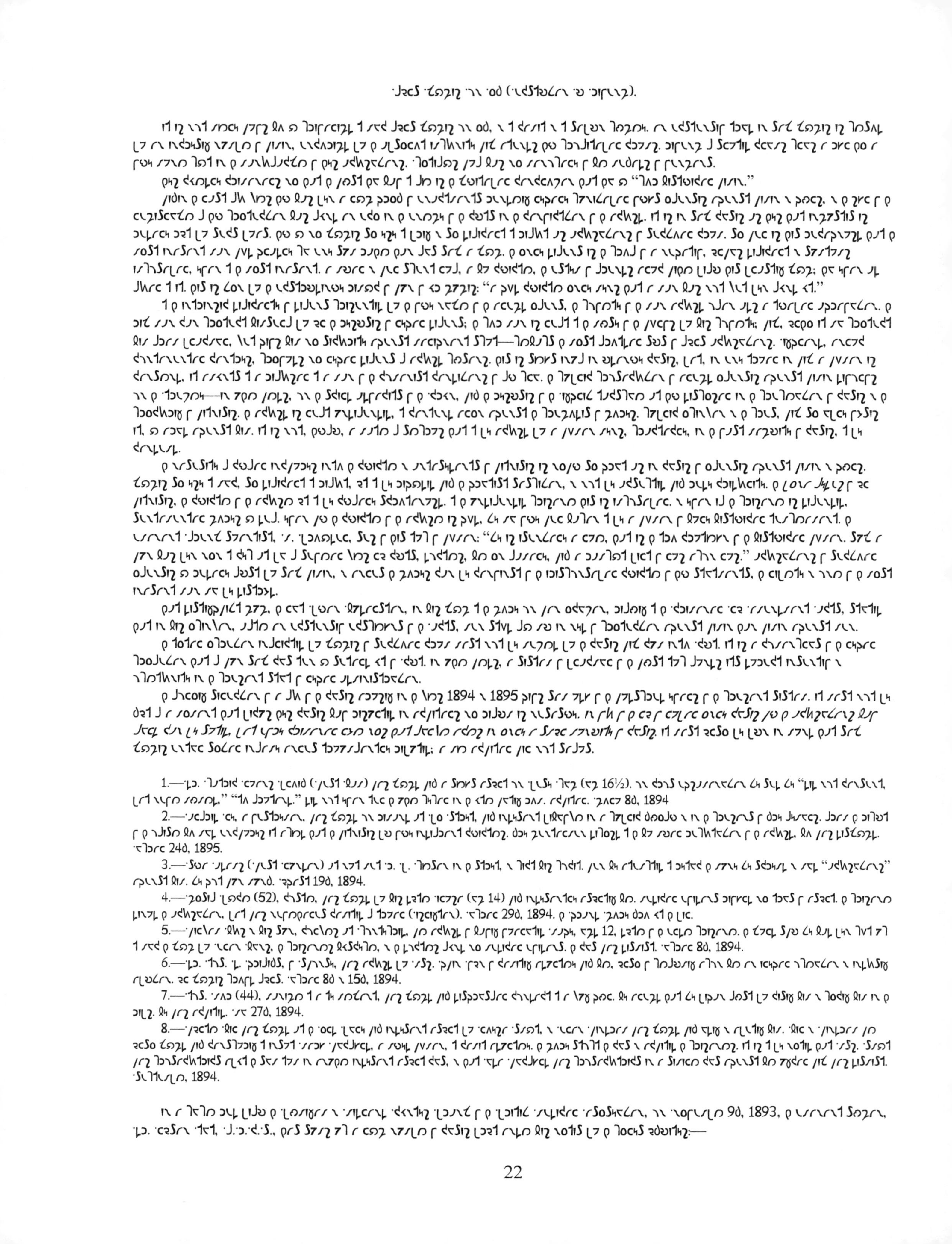

[illegible]

[illegible]

[illegible]

[illegible]

[illegible]

[illegible]

[illegible]

[illegible] 1894 [illegible] 1895 [illegible]

1.—[illegible] (16½). [illegible] 8, 1894

2.—[illegible] 24, 1895.

3.—[illegible] 19, 1894.

4.—[illegible] (52), [illegible] (14) [illegible] 29, 1894. [illegible]

5.—[illegible] 12, [illegible] 8, 1894.

6.—[illegible] 8 [illegible] 15, 1894.

7.—[illegible] (44), [illegible] 27, 1894.

8.—[illegible] 1894.

[illegible] 9, 1893, [illegible]—

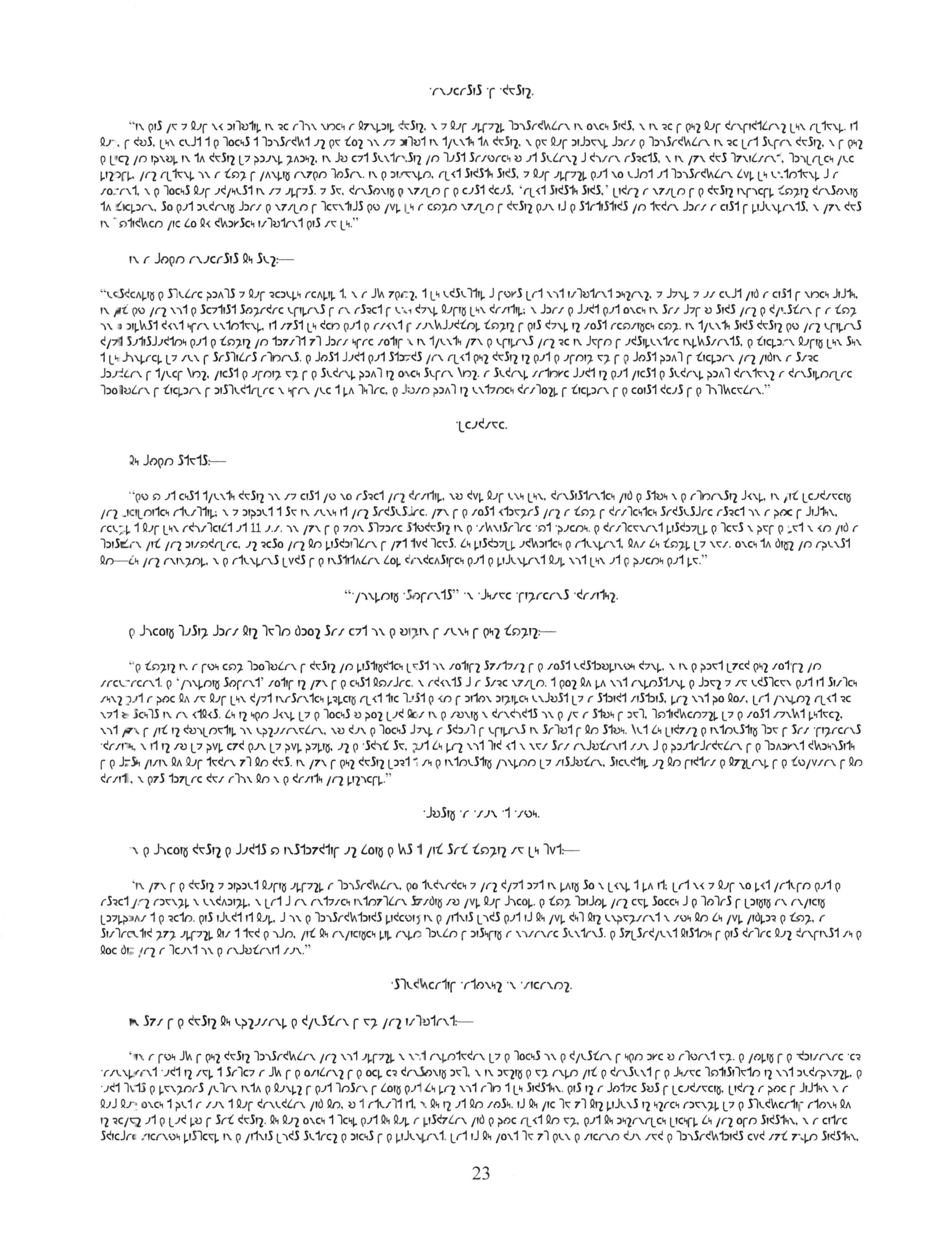

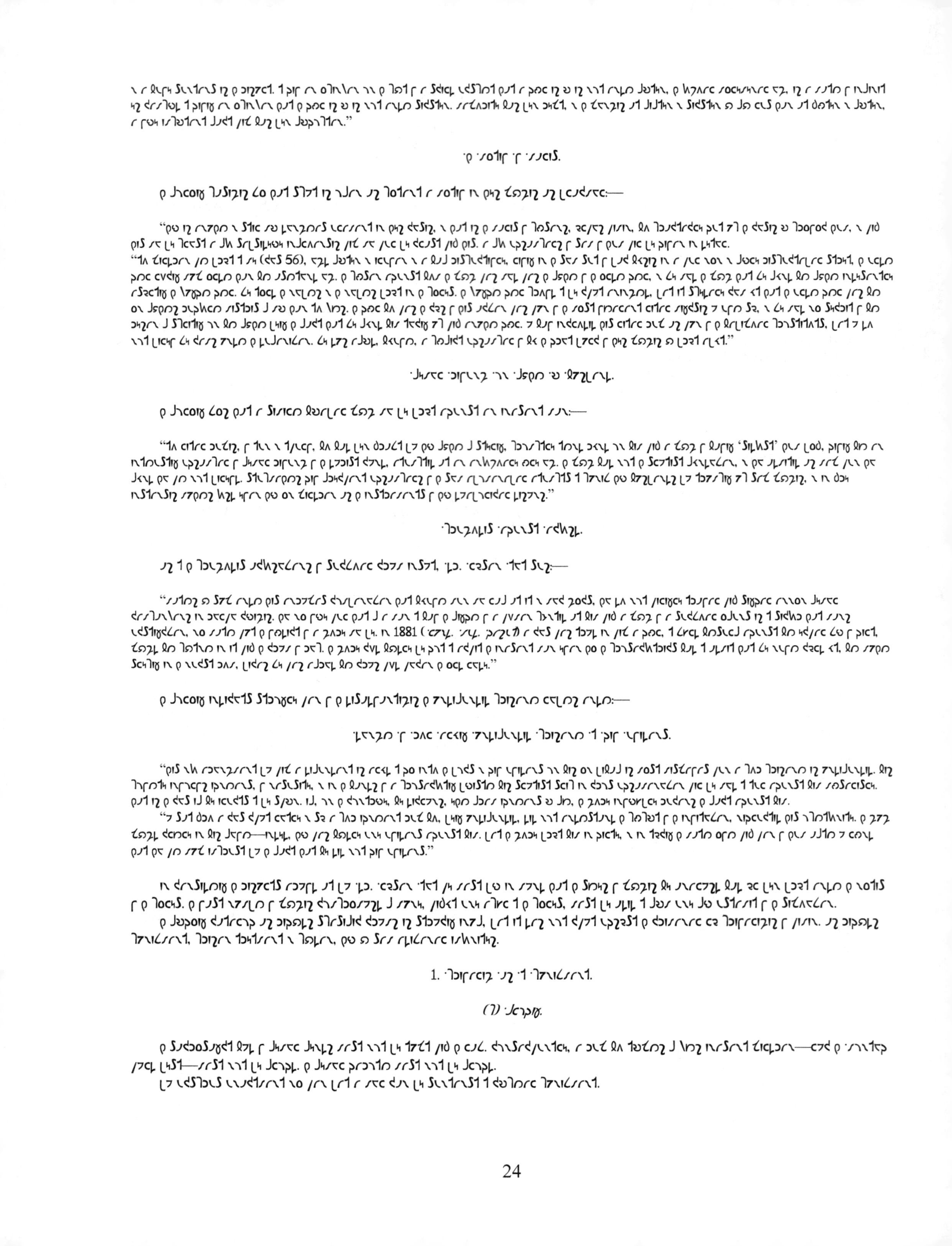

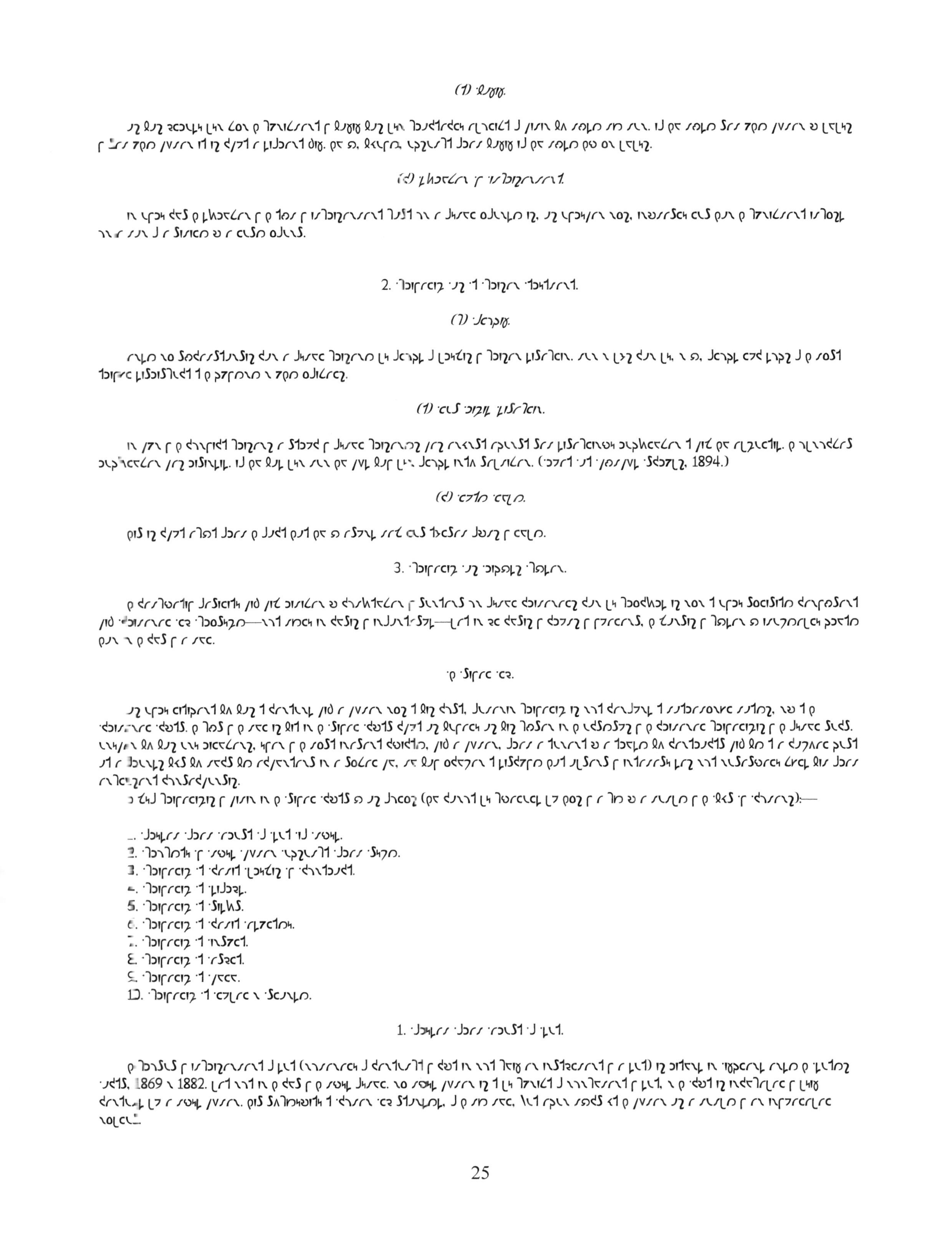

(1) [illegible]

[illegible]

(2) [illegible]

[illegible]

2. [illegible]

(1) [illegible]

[illegible]

(1) [illegible]

[illegible] 1894.)

(2) [illegible]

[illegible]

3. [illegible]

[illegible]

[illegible]

[illegible]

[illegible]:—

1. [illegible]
2. [illegible]
3. [illegible]
4. [illegible]
5. [illegible]
6. [illegible]
7. [illegible]
8. [illegible]
9. [illegible]
10. [illegible]

1. [illegible]

[illegible] 1869 [illegible] 1882. [illegible]

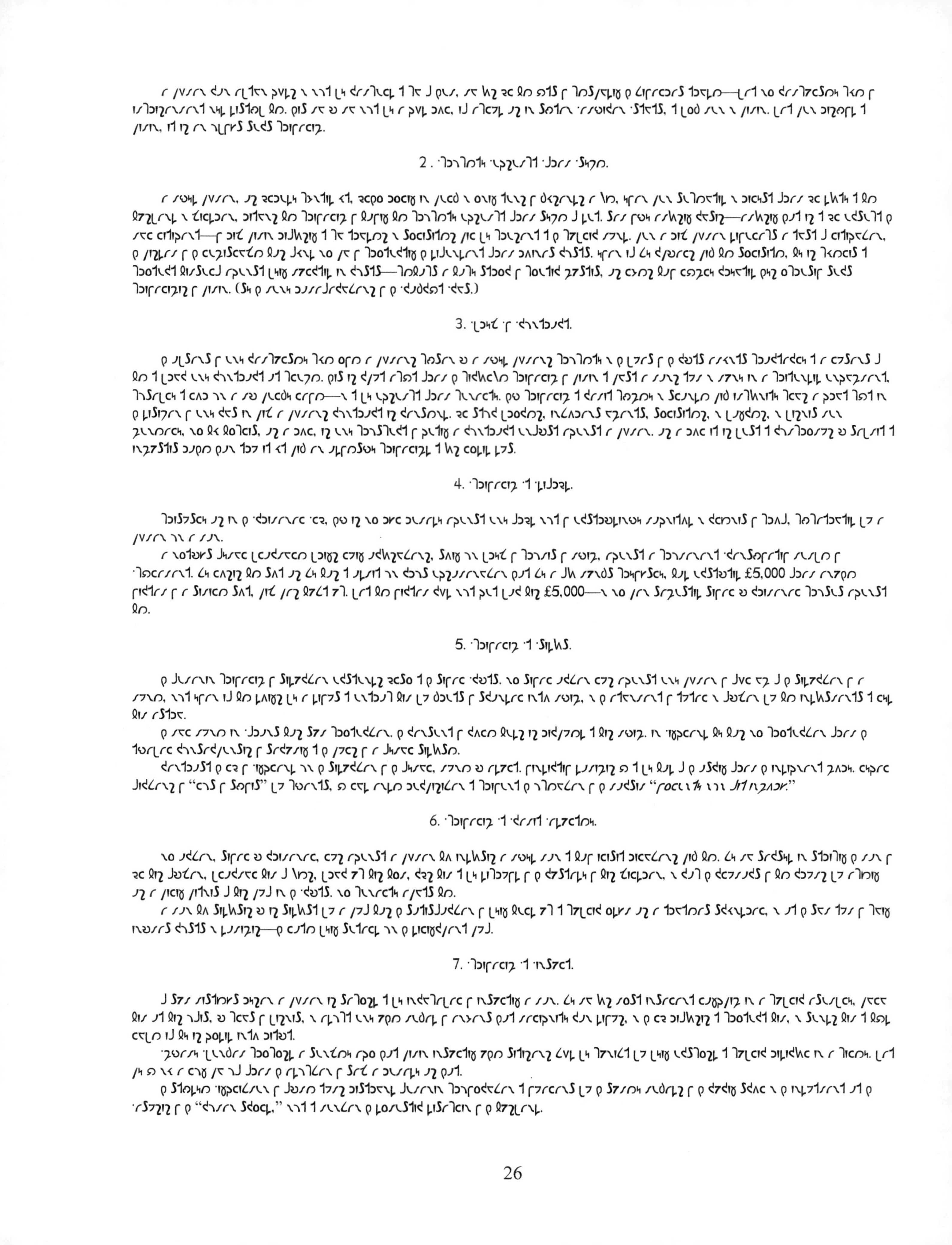

[illegible]

2. [illegible]

[illegible]

3. [illegible]

[illegible]

4. [illegible]

[illegible]

[illegible] £5,000 [illegible] £5,000 [illegible]

5. [illegible]

[illegible]

[illegible]

[illegible]

6. [illegible]

[illegible]

[illegible]

7. [illegible]

[illegible]

[illegible]

[illegible]

8. [illegible]

[illegible]

9. [illegible]

[illegible]

10. [illegible]

[illegible]

[illegible]

[illegible]

1. [illegible]

2. [illegible]

3. [illegible]

[illegible]

4. [illegible]

[illegible]

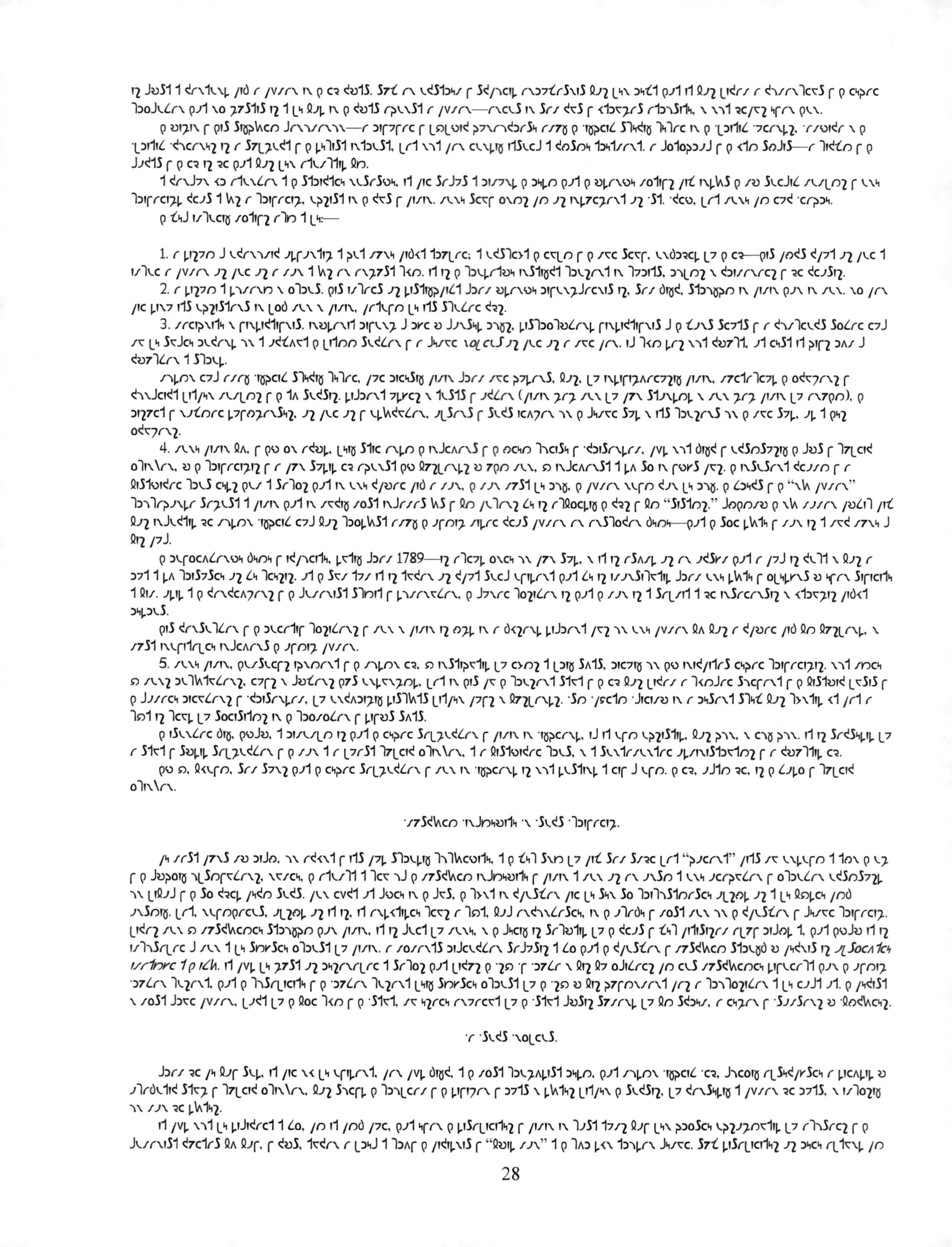

[illegible]

[illegible]

[illegible]

[illegible]

1. [illegible]

2. [illegible]

3. [illegible]

[illegible]

4. [illegible]

[illegible] 1789 [illegible]

[illegible]

5. [illegible]

[illegible]

[illegible]

[illegible]

[illegible]

[illegible]

[illegible]

[illegible]

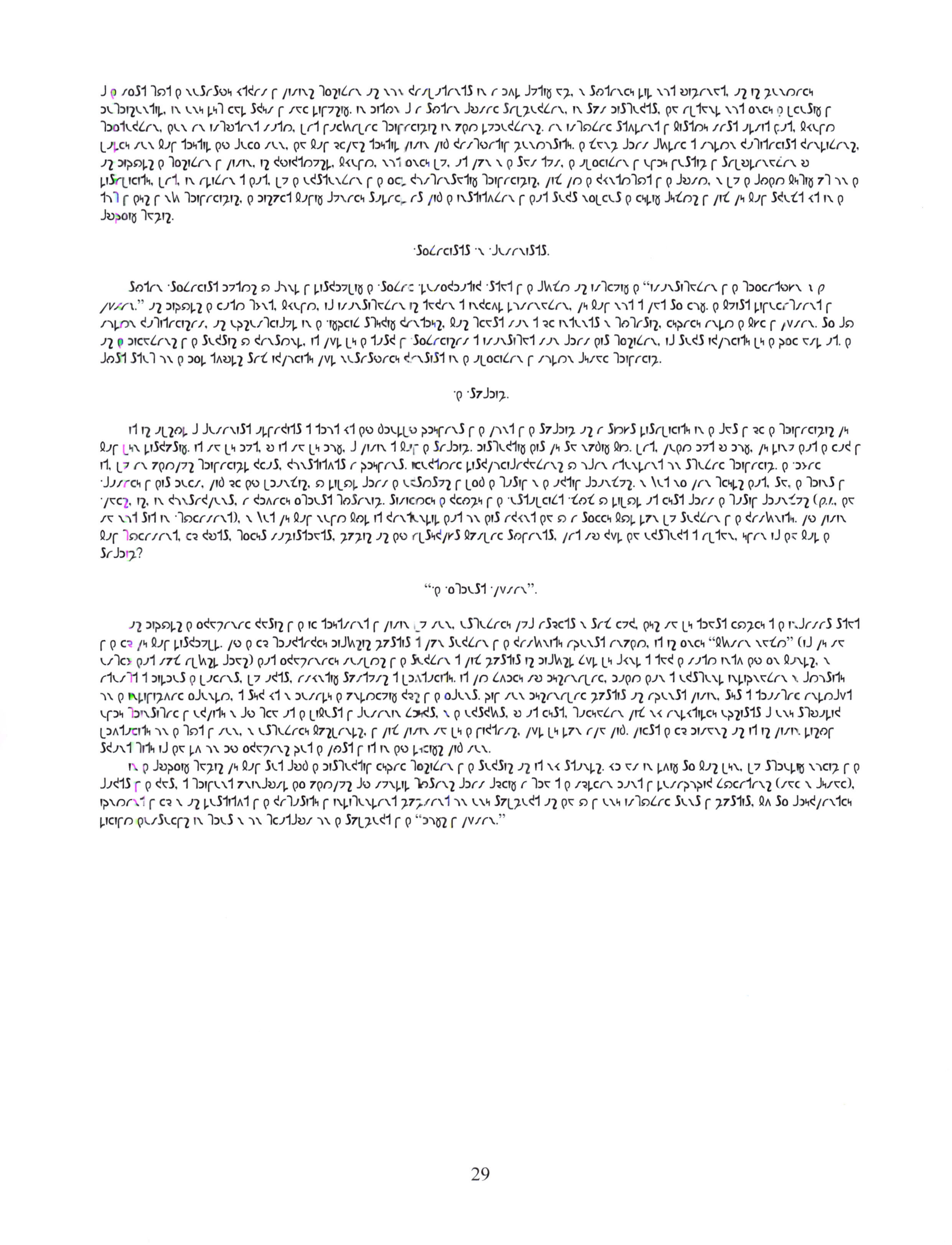

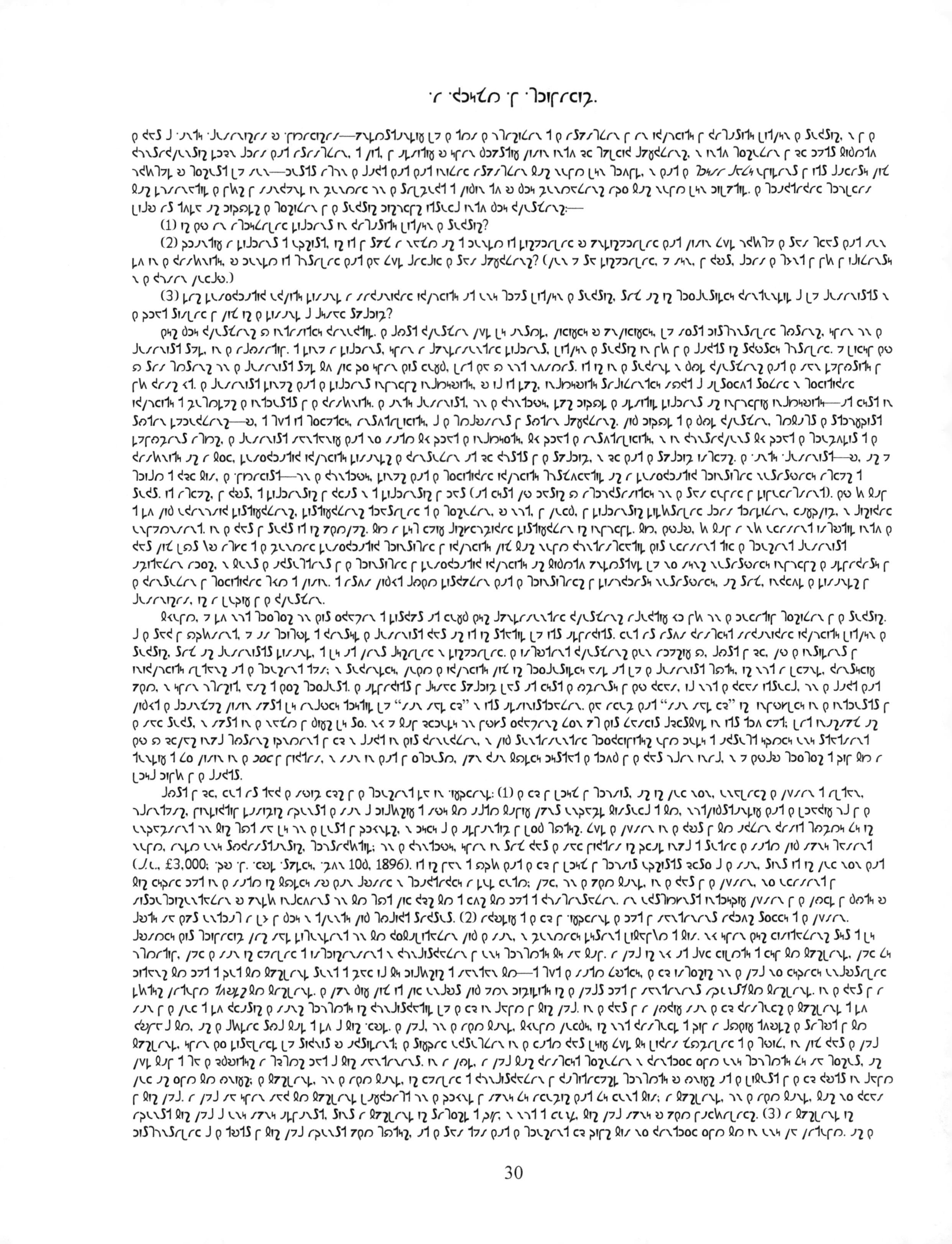

[illegible]

[illegible]

(1) [illegible]?

(2) [illegible]? ([illegible].)

(3) [illegible]?

[illegible]

[illegible]

[illegible] (J.c., £3,000; [illegible], 10d, 1896). [illegible] (2) [illegible] (3) [illegible]

[illegible]

[illegible]

[illegible]

[illegible]

[illegible]

[illegible]

(1)

(2)

1911.

[illegible]

[illegible]

[illegible]

[illegible]

[illegible]

[illegible]

MDCCCCXIII

[illegible]

[illegible]

[illegible]

[illegible] 1913 [illegible]

[illegible]

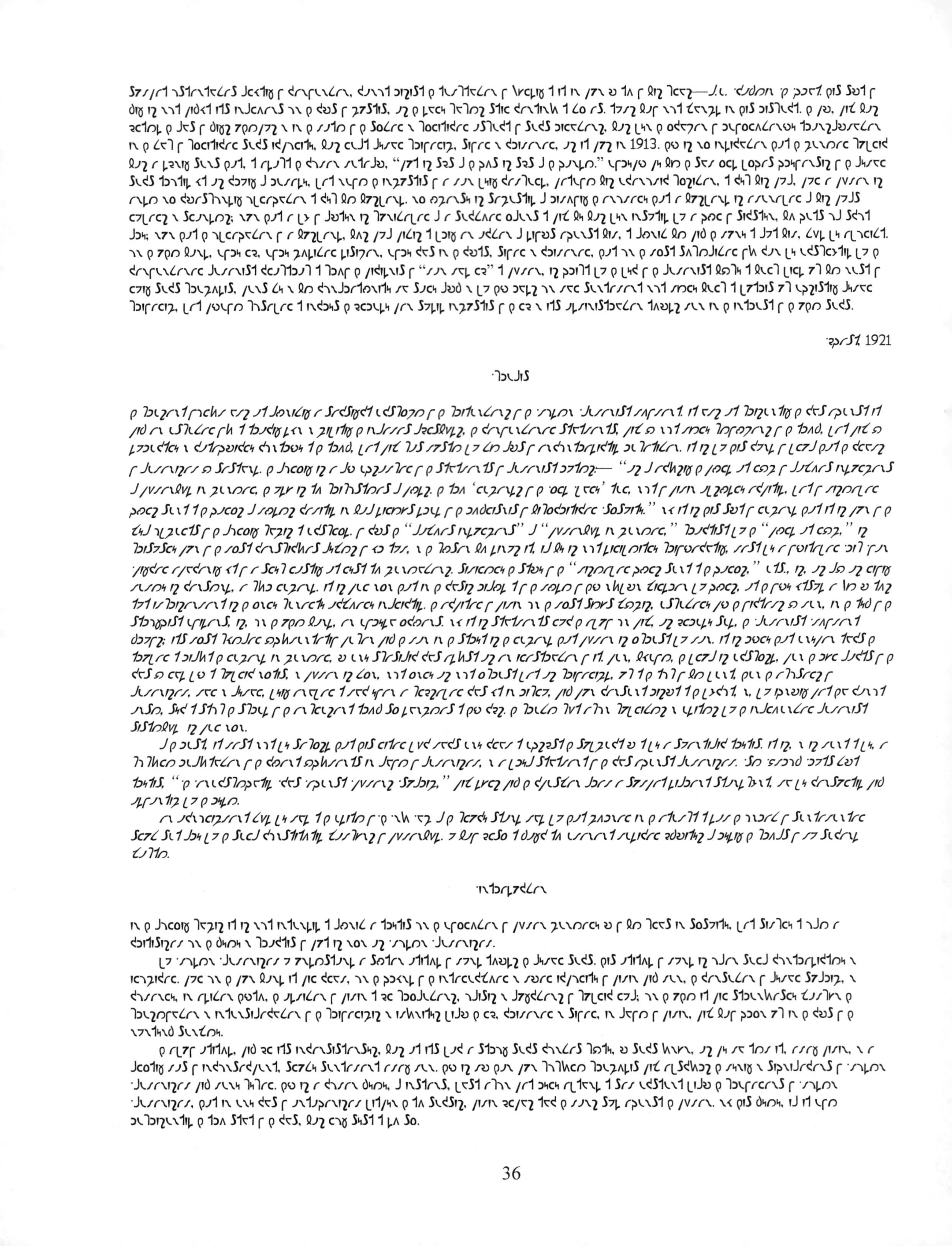

1913

1921

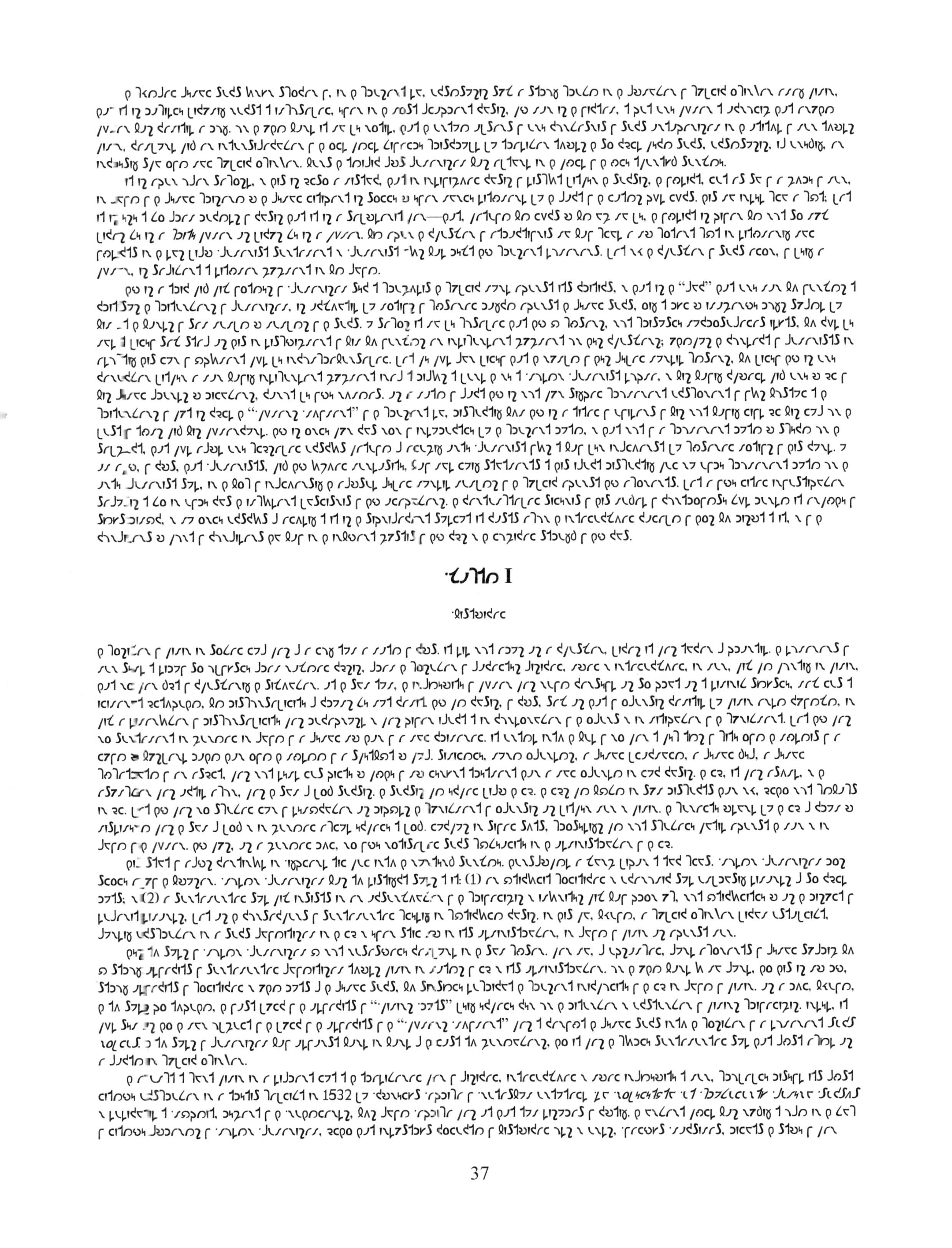

[illegible]

[illegible]

[illegible]

[illegible] I

[illegible]

[illegible] 1532 [illegible]

[illegible] (1) [illegible] (2) [illegible]

[illegible]

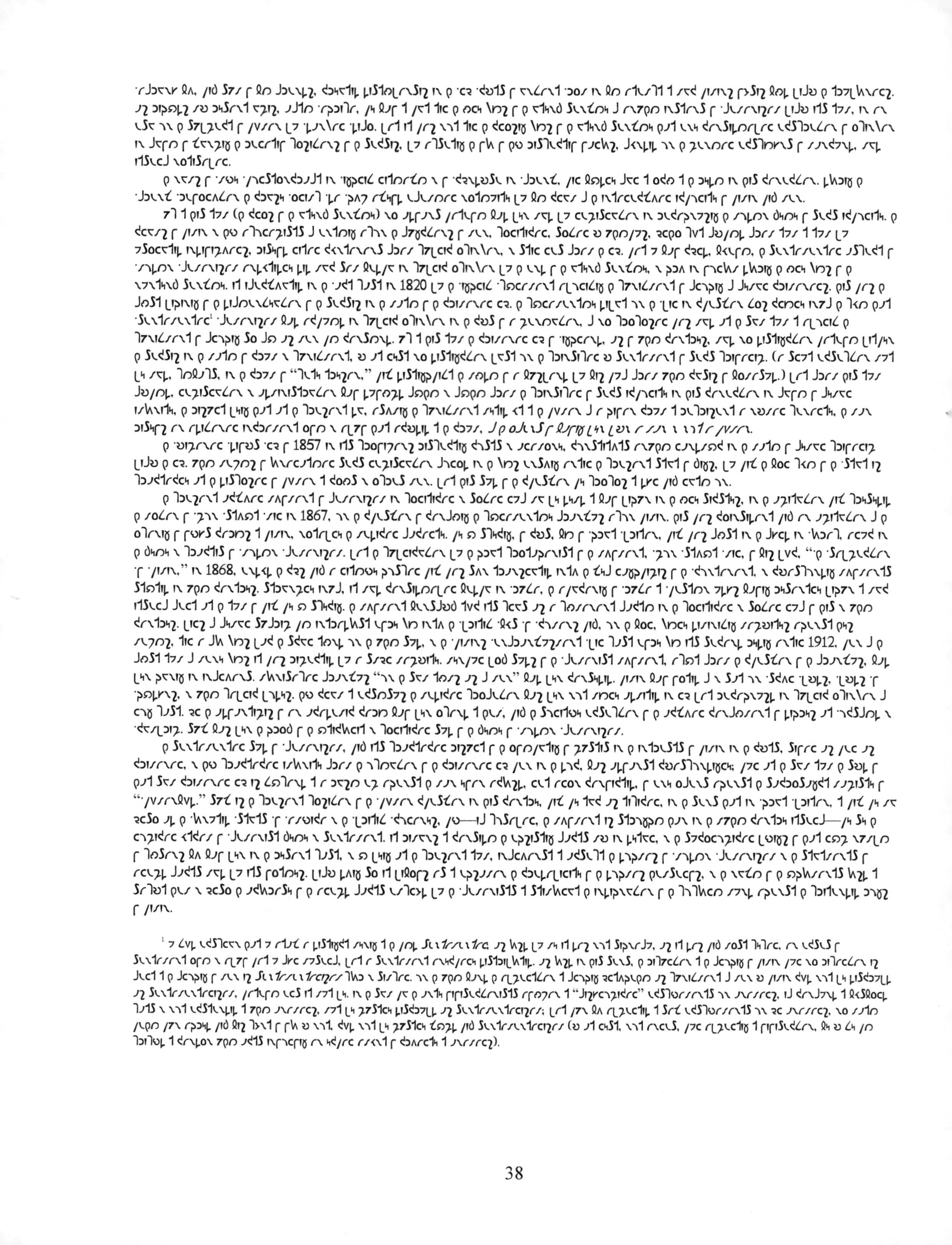

·𐑗𐑨𐑐𐑑𐑼 II

·𐑞 ·𐑮𐑲𐑟 𐑝 ·𐑤𐑱𐑚𐑼 ·𐑡𐑨𐑐𐑩𐑯𐑰𐑟

𐑦𐑯 𐑞𐑦𐑕 𐑗𐑨𐑐𐑑𐑼 𐑨𐑑 𐑦𐑯 𐑞 𐑤𐑭𐑕𐑑 𐑗𐑨𐑐𐑑𐑼 𐑞𐑨𐑑 ·𐑡𐑨𐑐𐑩𐑯𐑰𐑟 ·𐑡𐑨𐑐𐑩𐑯𐑰𐑟 𐑢𐑩𐑟 𐑑𐑵 𐑕𐑱𐑟, 𐑞 𐑐𐑪𐑤𐑦𐑑𐑦𐑒𐑩𐑤, 𐑦𐑒𐑪𐑯𐑪𐑥𐑦𐑒 𐑯 𐑦𐑯𐑛𐑳𐑕𐑑𐑮𐑦𐑩𐑤 𐑕𐑦𐑑𐑦, 𐑢𐑦𐑗 𐑮𐑦𐑕𐑳𐑤𐑑𐑩𐑛 𐑛𐑰𐑐𐑤𐑦 𐑦𐑯𐑓𐑤𐑵𐑩𐑯𐑕𐑑 𐑚𐑲 𐑞 𐑕𐑦𐑕𐑑𐑩𐑥. 𐑞 𐑓𐑮𐑳𐑡 𐑛𐑧𐑝𐑧𐑤𐑩𐑐𐑥𐑩𐑯𐑑 𐑝 𐑢𐑦𐑗 𐑦𐑟 𐑞 𐑛𐑧𐑝𐑧𐑤𐑩𐑐𐑦𐑙 𐑝 𐑞 𐑐𐑤𐑱𐑕 𐑯 𐑐𐑤𐑨𐑯 𐑝 𐑞𐑨𐑑 𐑞𐑧𐑮 𐑢𐑻𐑒𐑼𐑟, 𐑯 𐑞 𐑥𐑴𐑕𐑑 𐑐𐑮𐑪𐑚𐑩𐑚𐑤𐑦 𐑝 𐑞 𐑛𐑧𐑥𐑭𐑯𐑛𐑟 𐑑 𐑚𐑰 𐑕𐑰𐑯. 𐑞 𐑐𐑮𐑪𐑚𐑤𐑩𐑥𐑟 𐑝 𐑞 𐑤𐑱𐑚𐑼, 𐑞𐑨𐑑, 𐑯𐑪𐑑𐑢𐑦𐑞𐑕𐑑𐑨𐑯𐑛𐑦𐑙 𐑞 𐑐𐑮𐑪𐑜𐑮𐑧𐑕 𐑑 𐑞 𐑛𐑦𐑝𐑦𐑠𐑩𐑯, 𐑢𐑻𐑒𐑼𐑟 𐑢𐑻 𐑩𐑯𐑱𐑚𐑩𐑤 𐑑 𐑦𐑥𐑐𐑮𐑵𐑝 𐑢𐑦𐑞 𐑞 𐑕𐑑𐑱𐑑 𐑦𐑯𐑑𐑼𐑝𐑧𐑯𐑖𐑩𐑯 𐑯 𐑮𐑦𐑐𐑮𐑧𐑖𐑩𐑯 𐑩𐑟 𐑢𐑧𐑤.

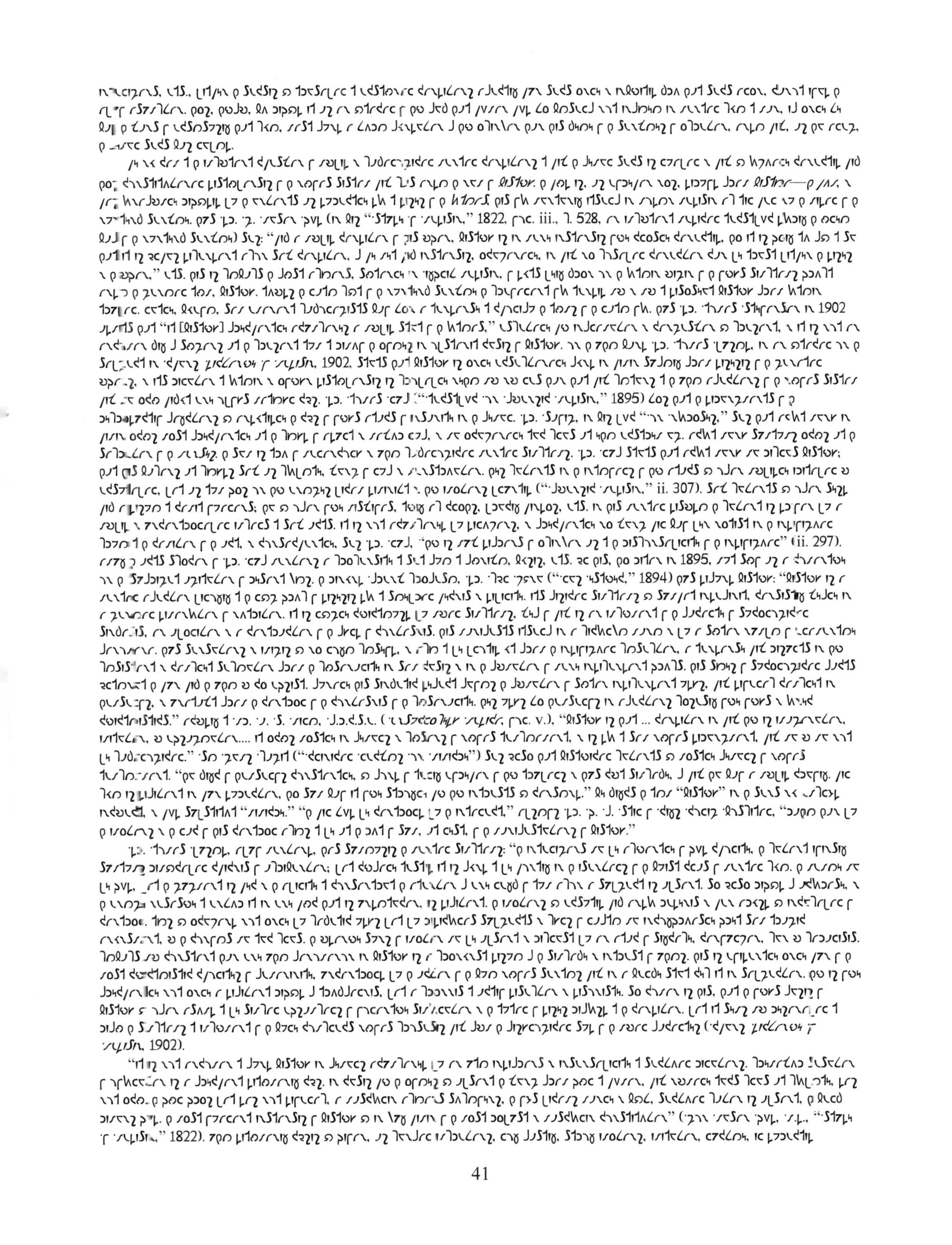

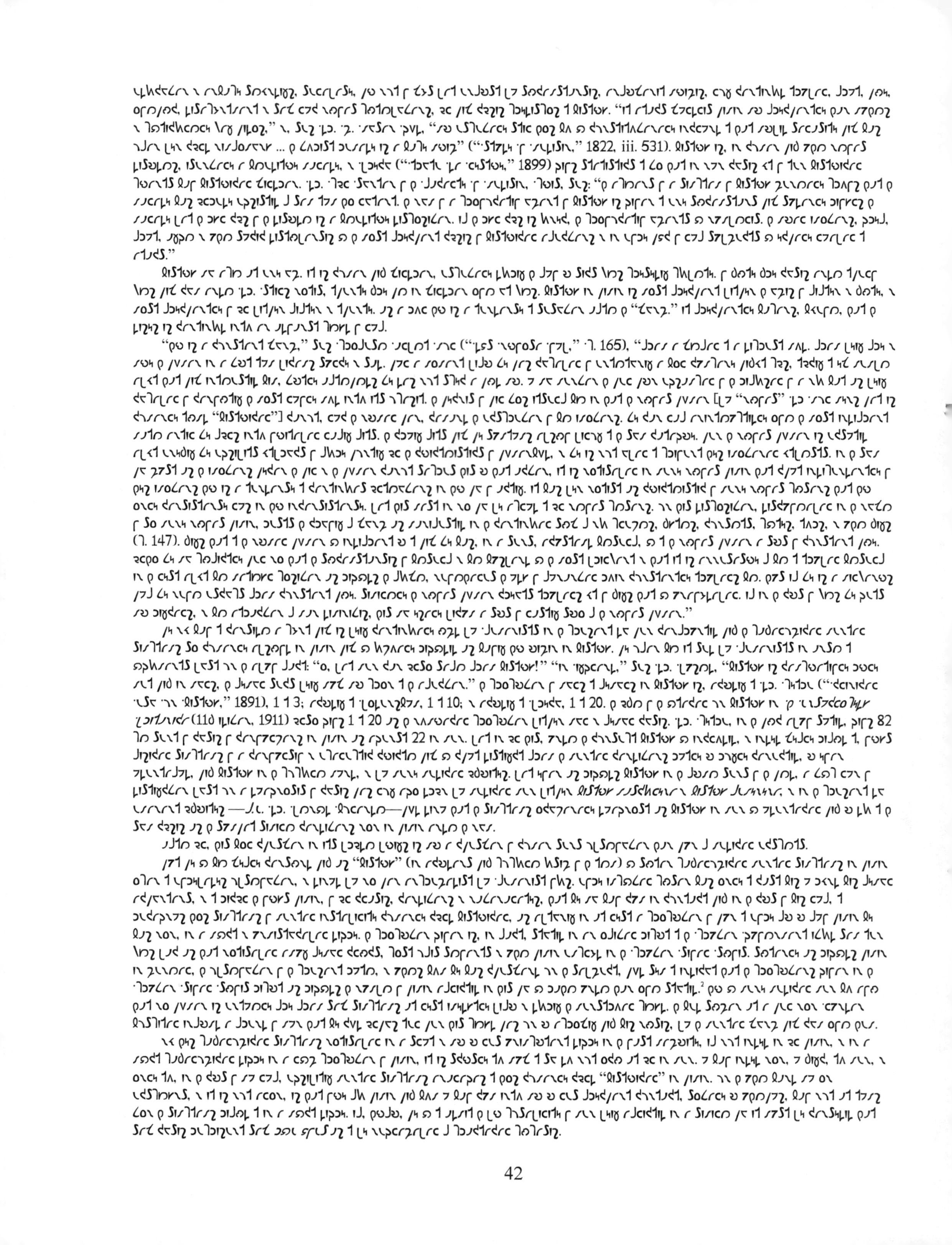

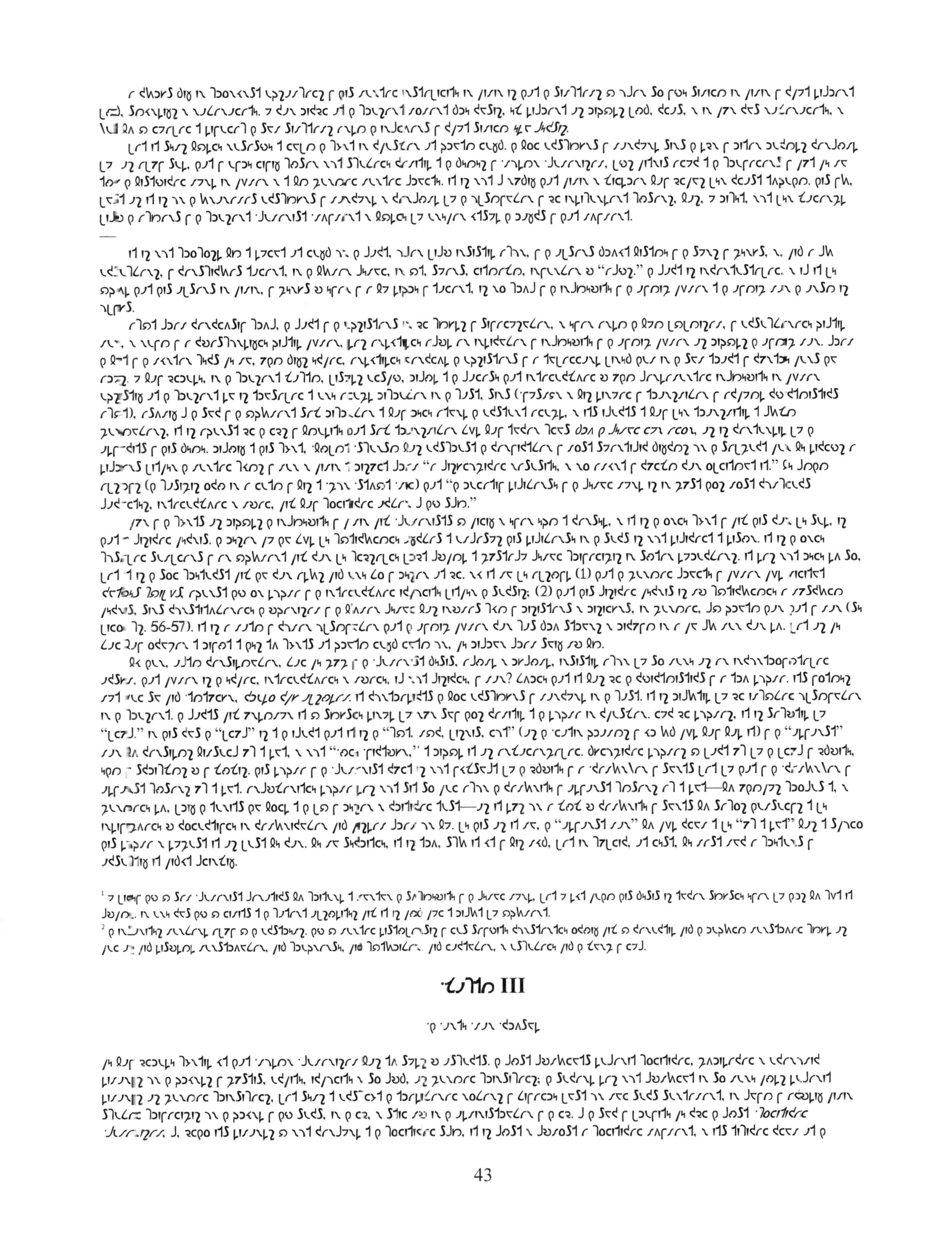

[illegible]

[illegible]

[illegible]

[illegible]

[illegible] (1) [illegible] (2) [illegible] 56-57 [illegible]

[illegible]

[1] [illegible]

[2] [illegible]

[illegible] III

[illegible]

[illegible]

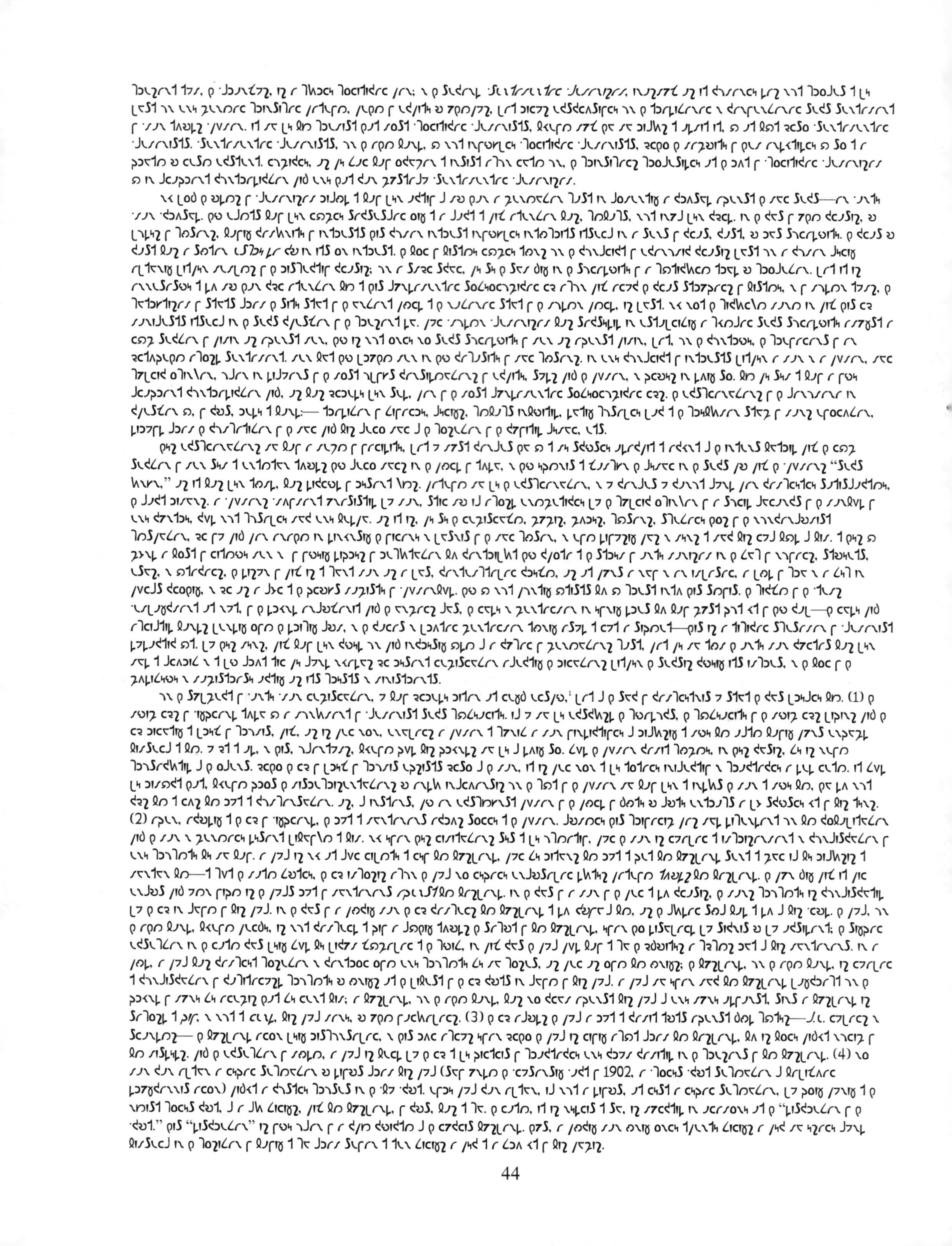

[illegible]

[illegible]

[illegible] 1886. [illegible]

[illegible] 1912 ([illegible] 1912, 2 & 3 [illegible] 20. V. [illegible] 20). [illegible] (1) [illegible] (2) [illegible]

[illegible]

[illegible] 1913, [illegible]

[illegible]

[illegible]

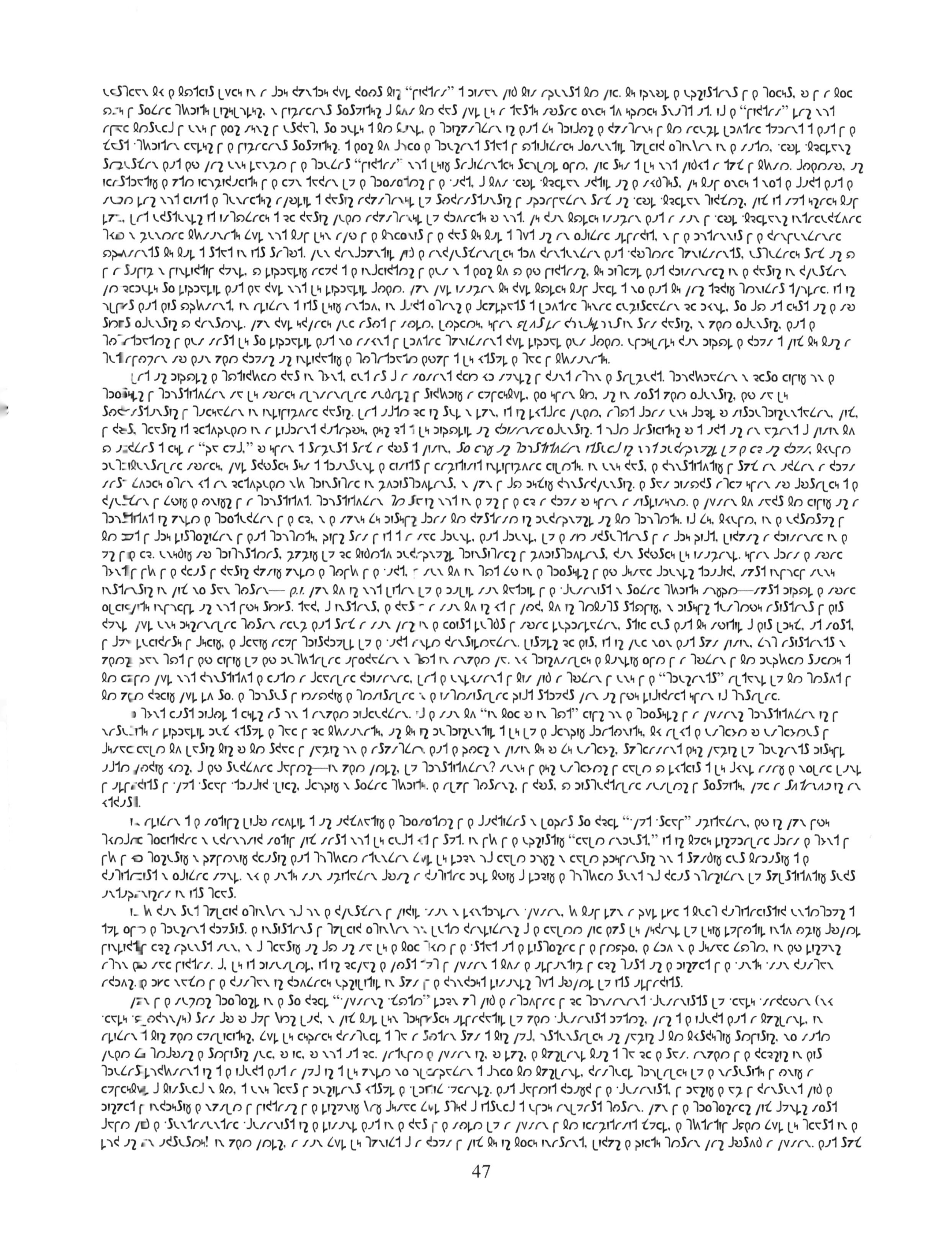

[illegible]

[illegible]

[illegible]

[illegible] 1911, [illegible] 1908.

[illegible] IV

[illegible]!

[illegible] 1911, [illegible]

[illegible] £150, [illegible] £5! [illegible] 120 [illegible] 1910).

[illegible] 1911, [illegible] 280 [illegible] 1909): "[illegible]."

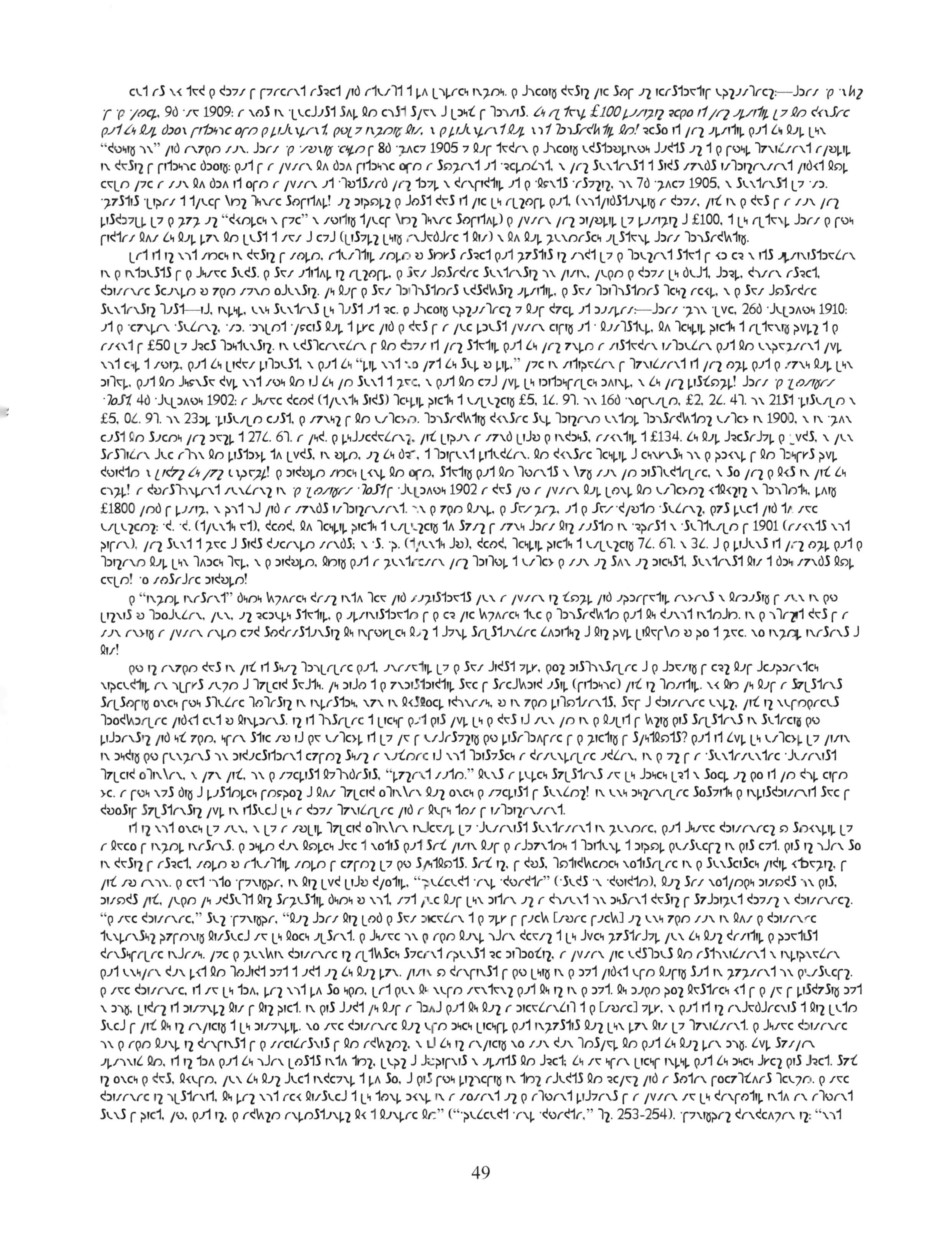

[illegible] 9d [illegible] 1909: [illegible] £100 [illegible] 80 [illegible] 1905 [illegible] 70 [illegible] 1905, [illegible] £100, [illegible]

[illegible] 260 [illegible] 1910: [illegible] £50 [illegible] 40 [illegible] 1902: [illegible] £5, 1c. 9d. [illegible] 16d [illegible] £2, 2c. 4d. [illegible] £5, 0c. 9d. [illegible] 1900, [illegible] 1 27c. 6d. [illegible] £134. [illegible] 1902 [illegible] £1800 [illegible] 1901 [illegible] 7c. 6d. [illegible] 3c. [illegible]

[illegible]

[illegible]

[illegible] 253-254). [illegible]

[illegible]

·𐑗𐑨𐑐𐑑𐑼 V

[illegible]

[illegible]

[illegible]

[illegible]

[illegible]

[illegible]

[1] [illegible] 2151 [illegible] 1913 [illegible]

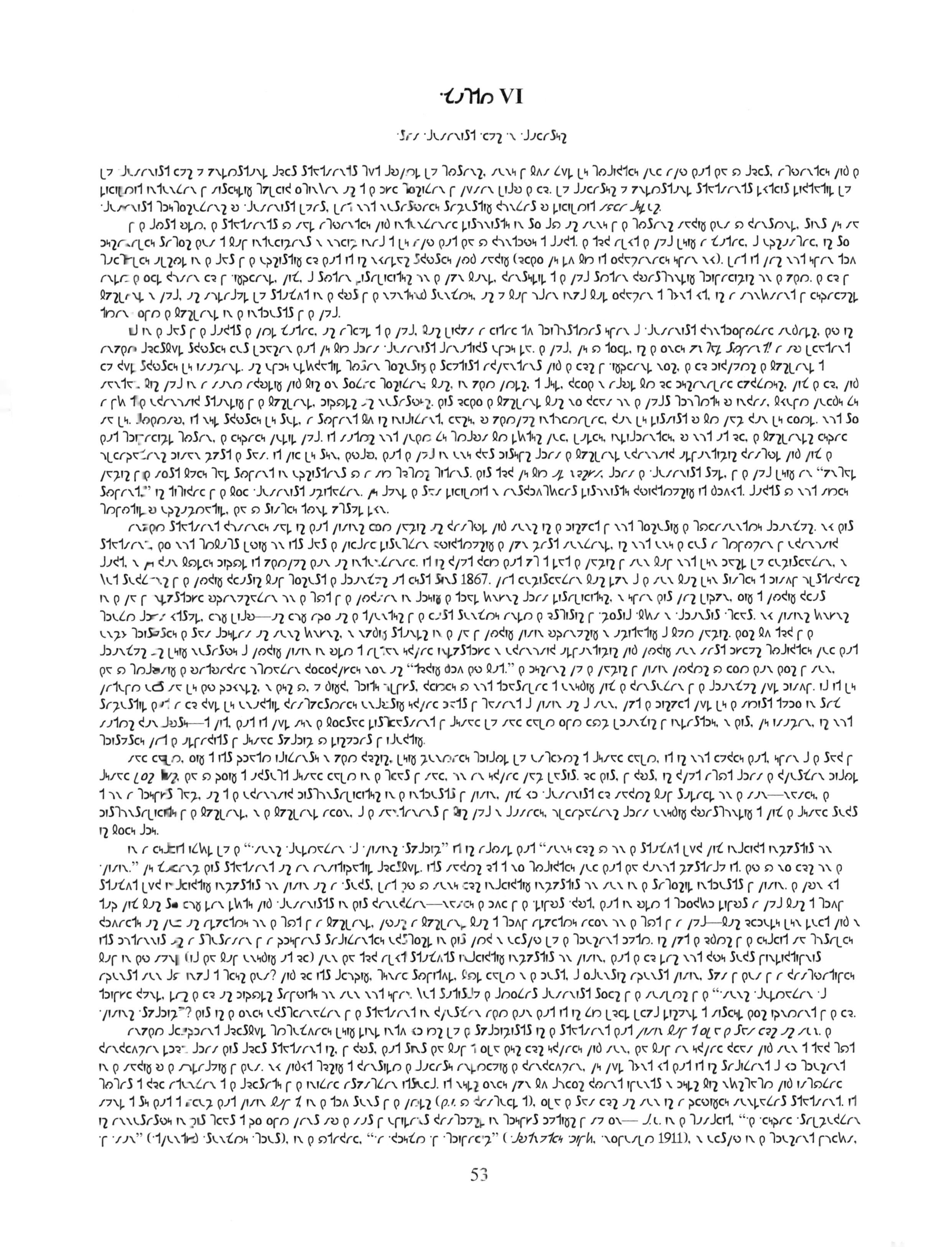

·𐑗𐑨𐑐𐑑𐑼 VI

[illegible]

[illegible]

[illegible]

[illegible]

[illegible]

[illegible]

[illegible]

[illegible]

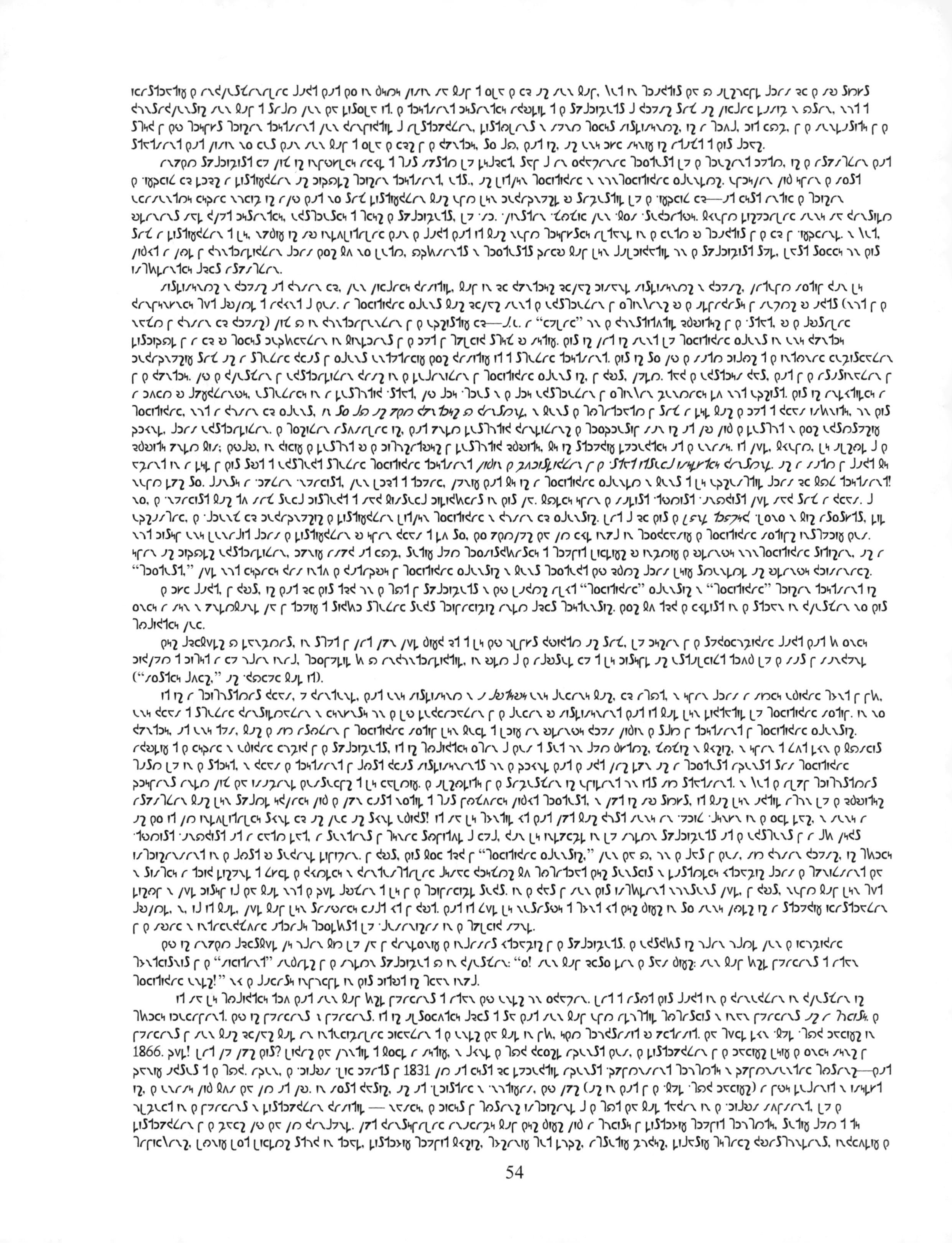

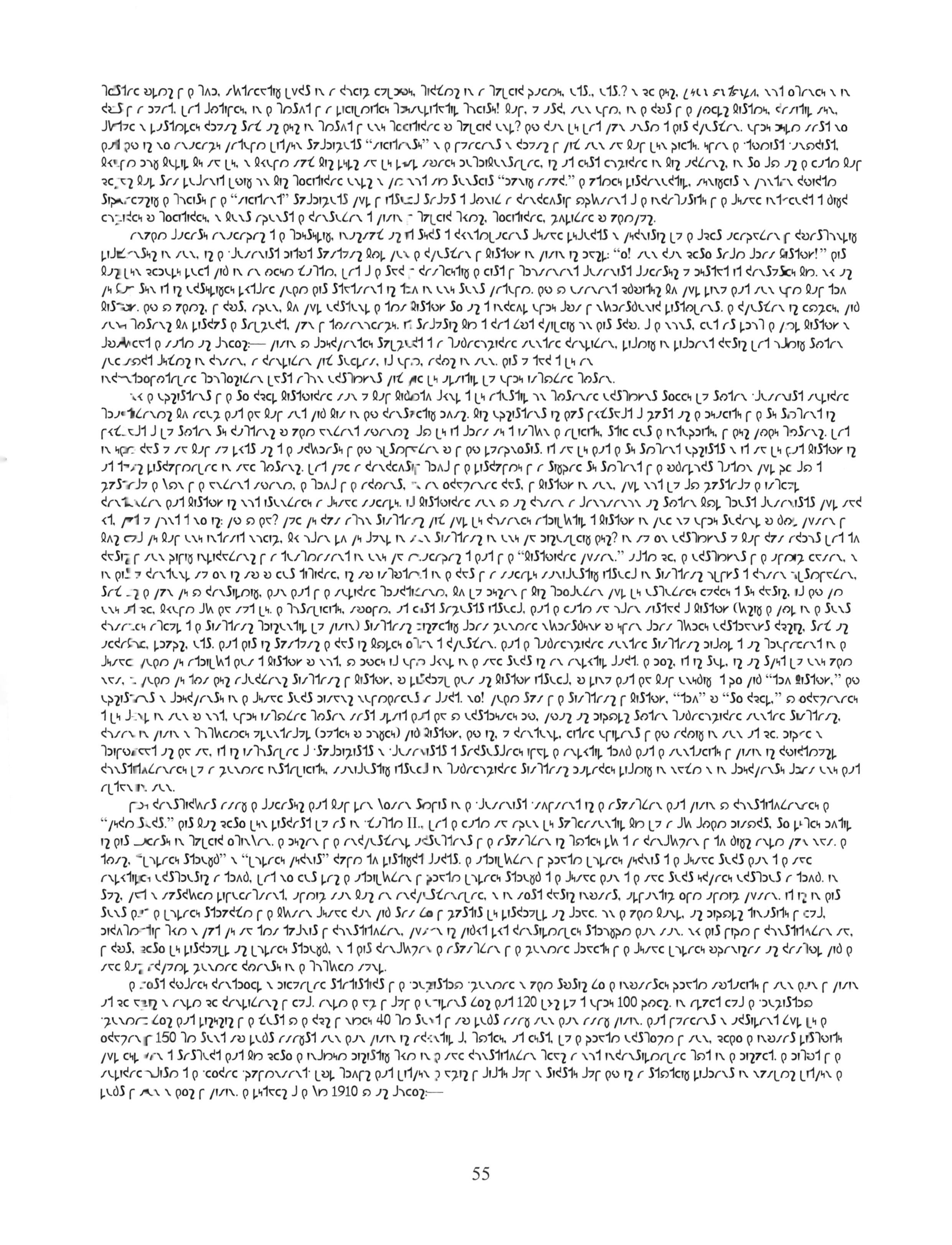

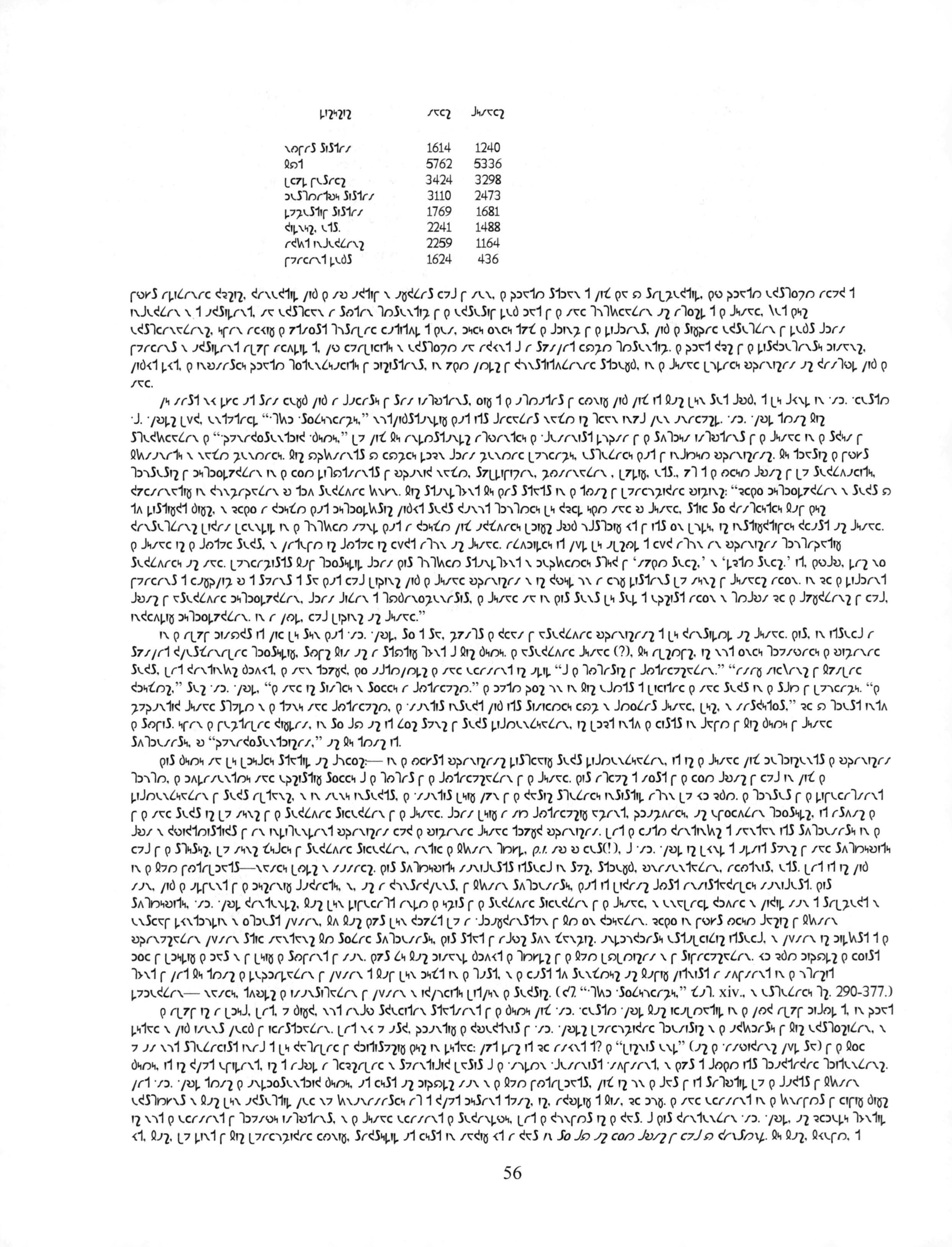

[illegible]	[illegible]	[illegible]
[illegible]	1614	1240
[illegible]	5762	5336
[illegible]	3424	3298
[illegible]	3110	2473
[illegible]	1769	1681
[illegible]	2241	1488
[illegible]	2259	1164
[illegible]	1624	436

[illegible]

[illegible] (?) [illegible]

[illegible] xiv., [illegible] 290-377.)

[illegible]

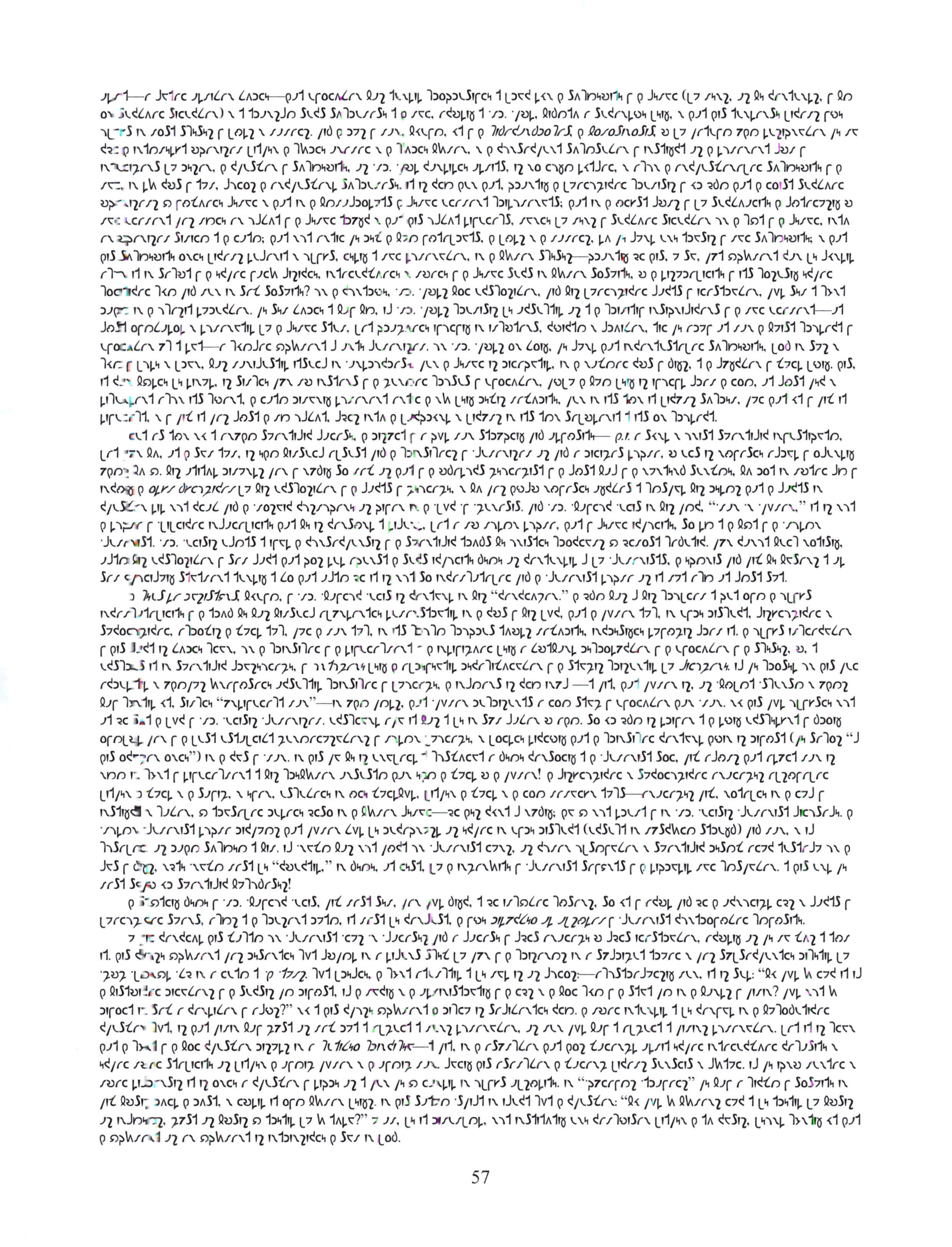

VII

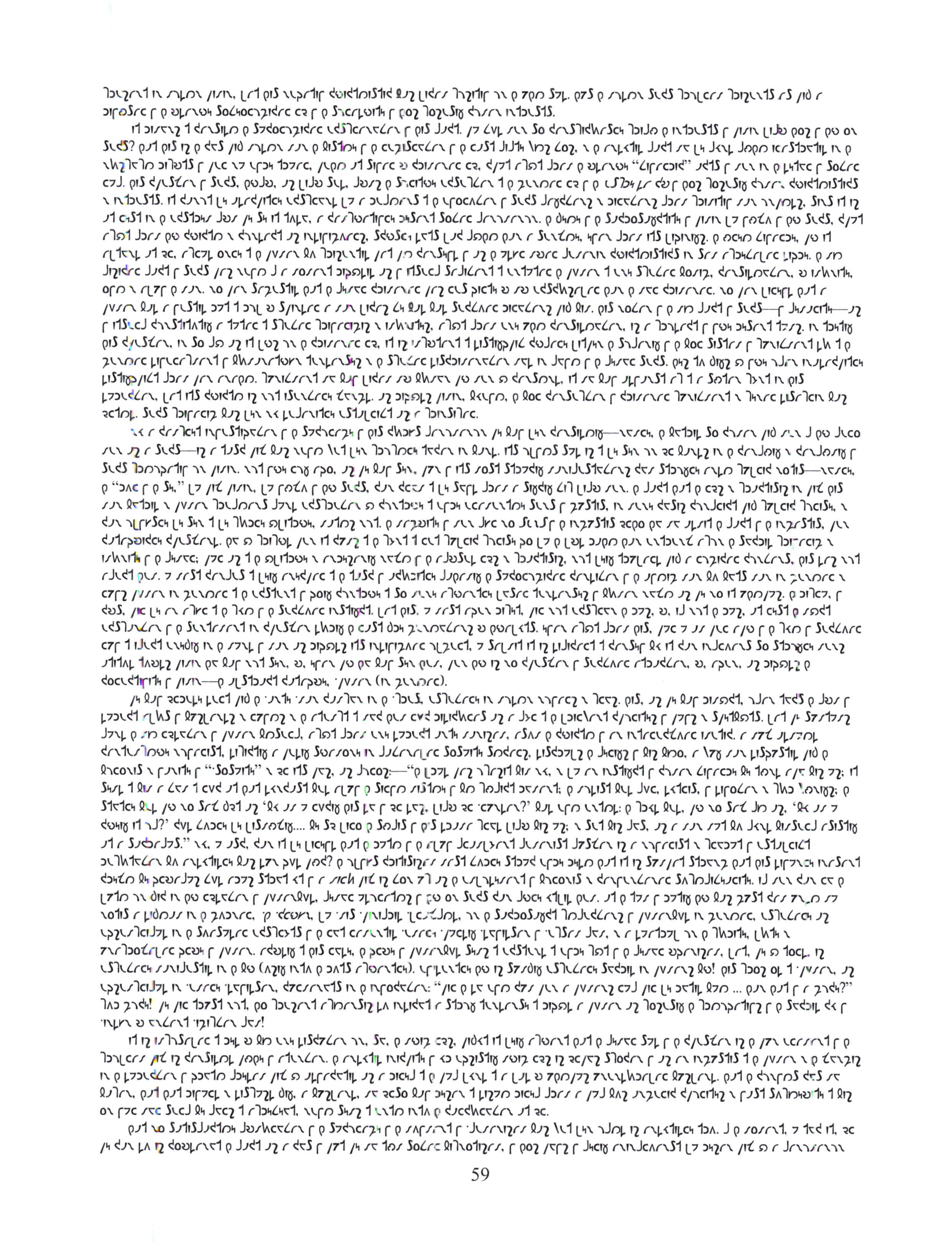

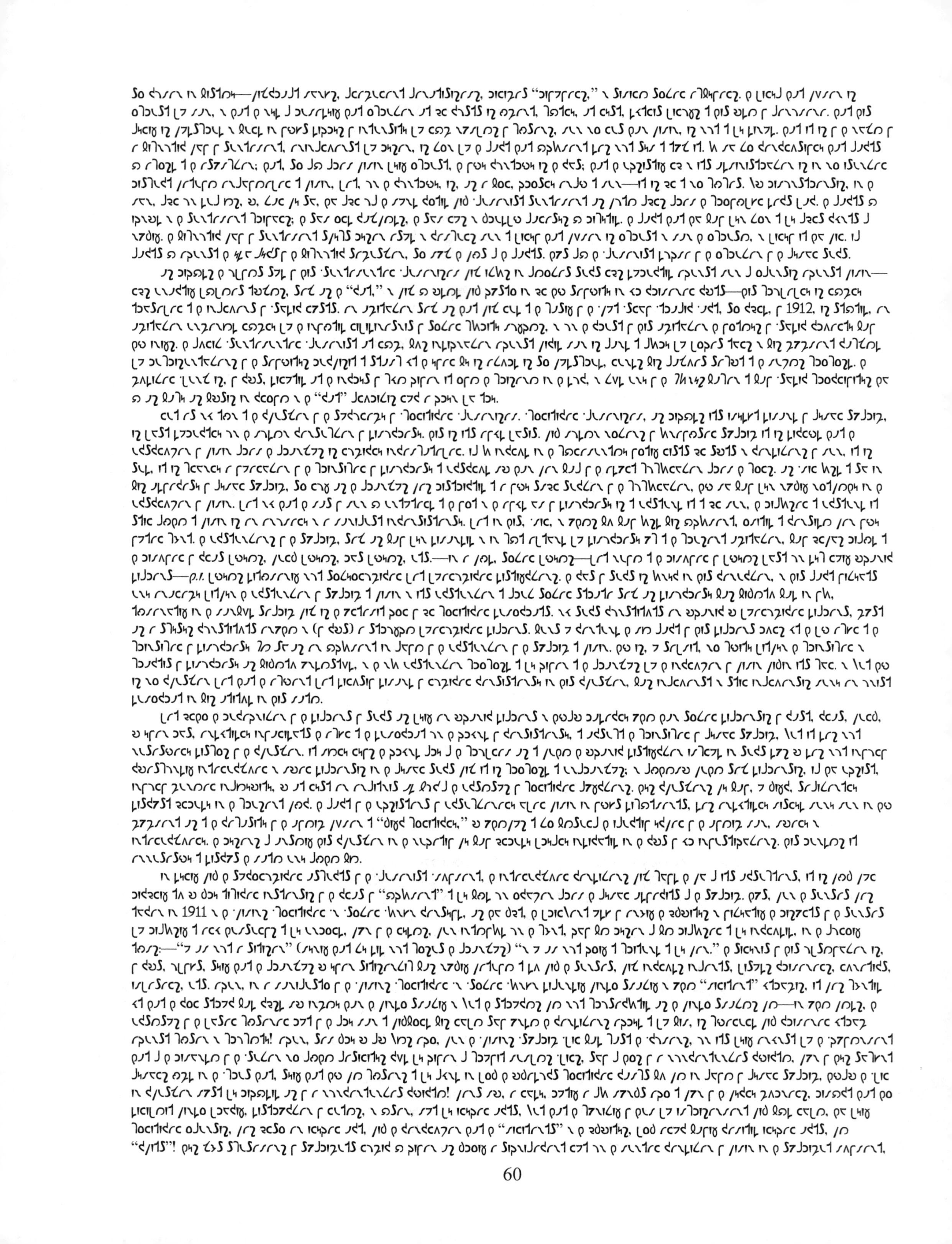

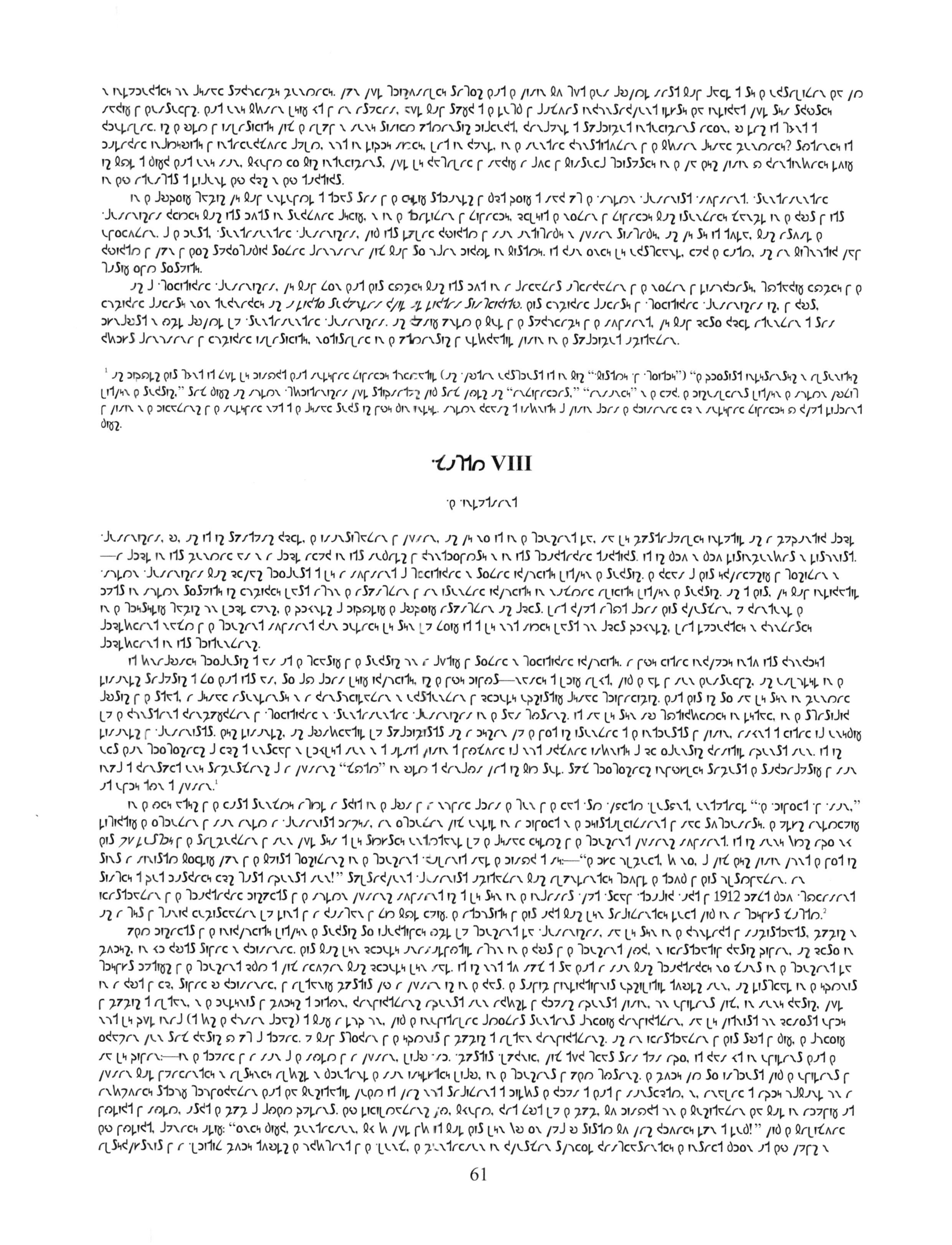

[illegible]

[illegible]

[illegible]

[illegible]

[illegible] VIII

[illegible]

[illegible] 1912 [illegible]

[illegible]

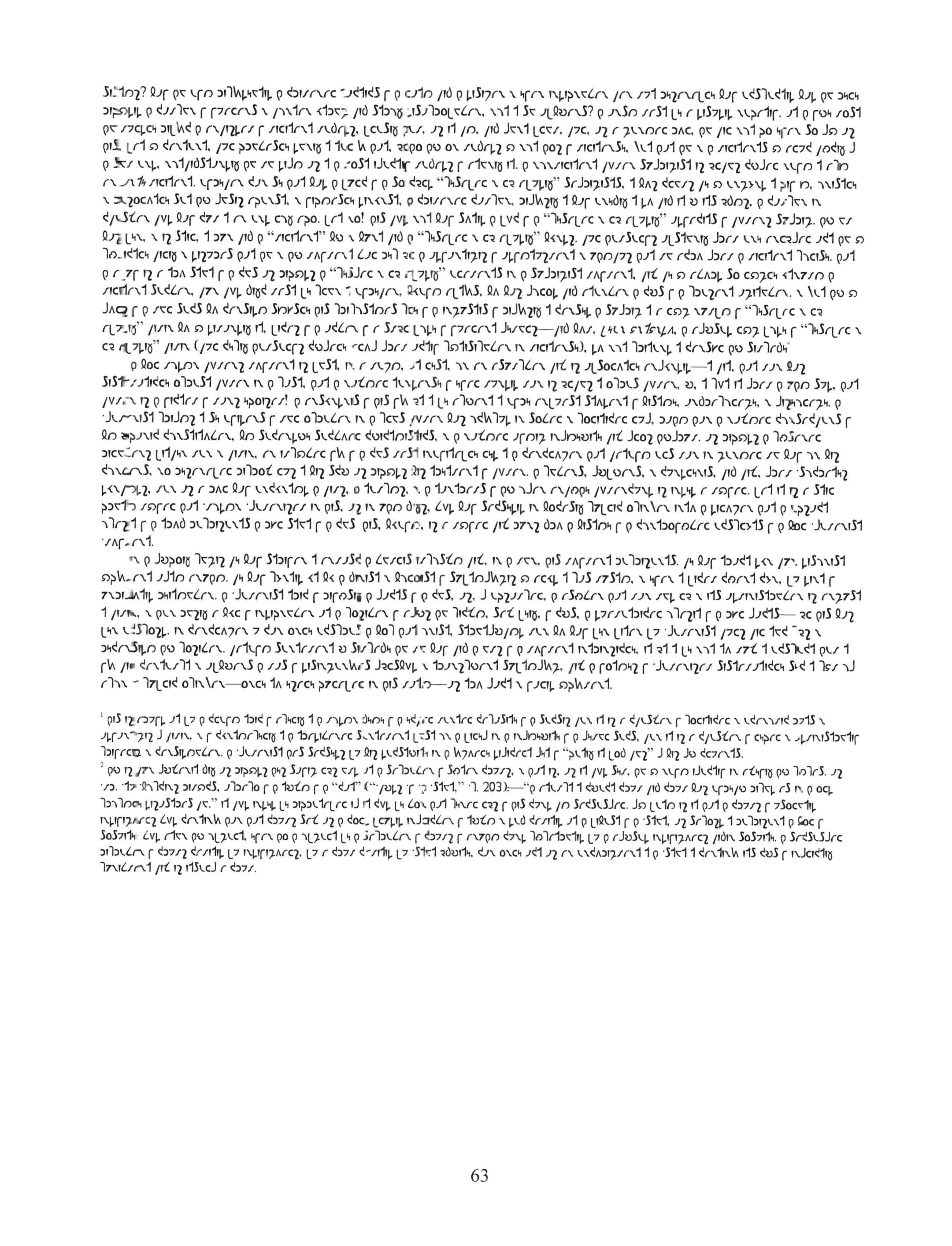

[illegible]

[illegible]

[illegible]

[1] [illegible]

[2] [illegible] p. 203. [illegible]

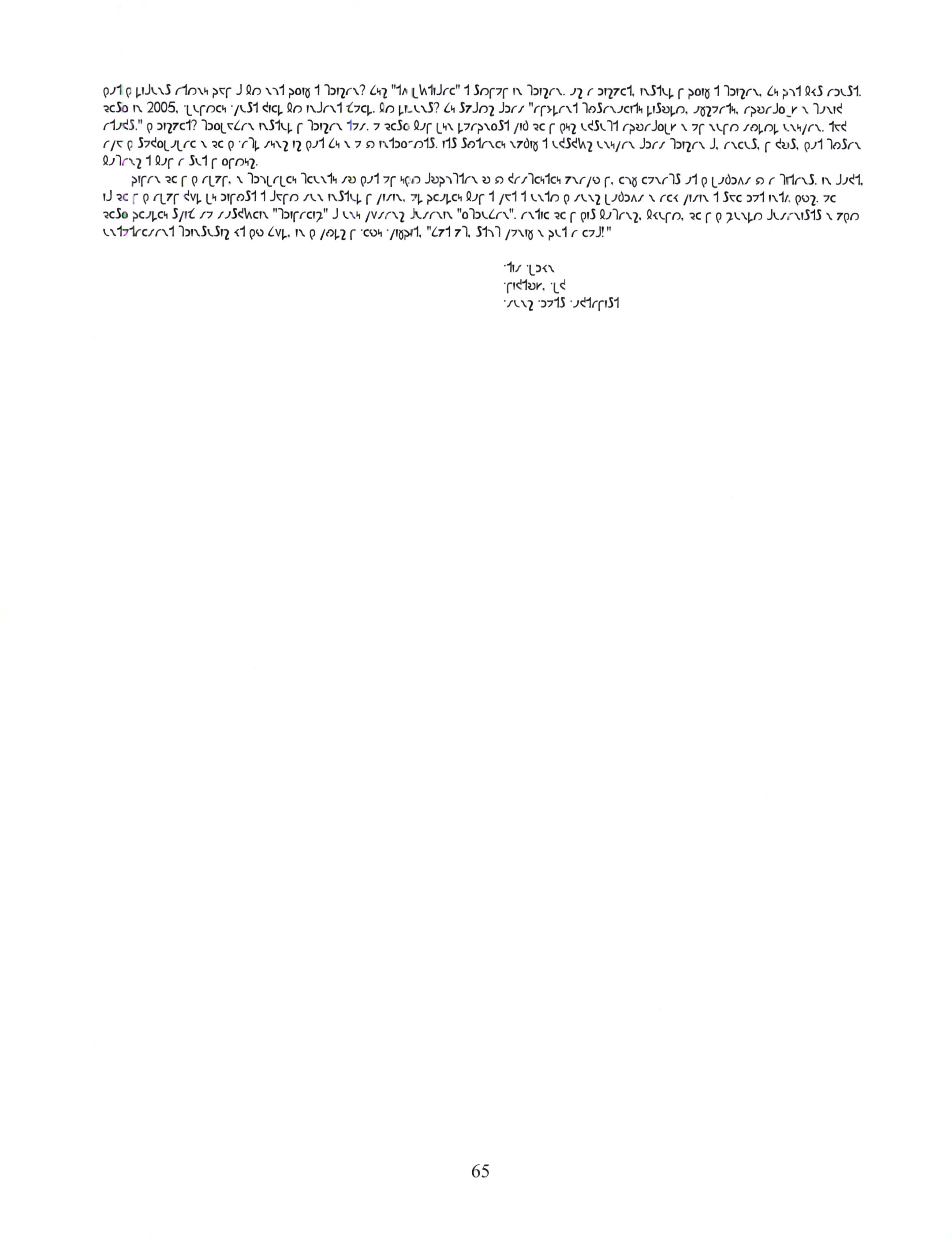

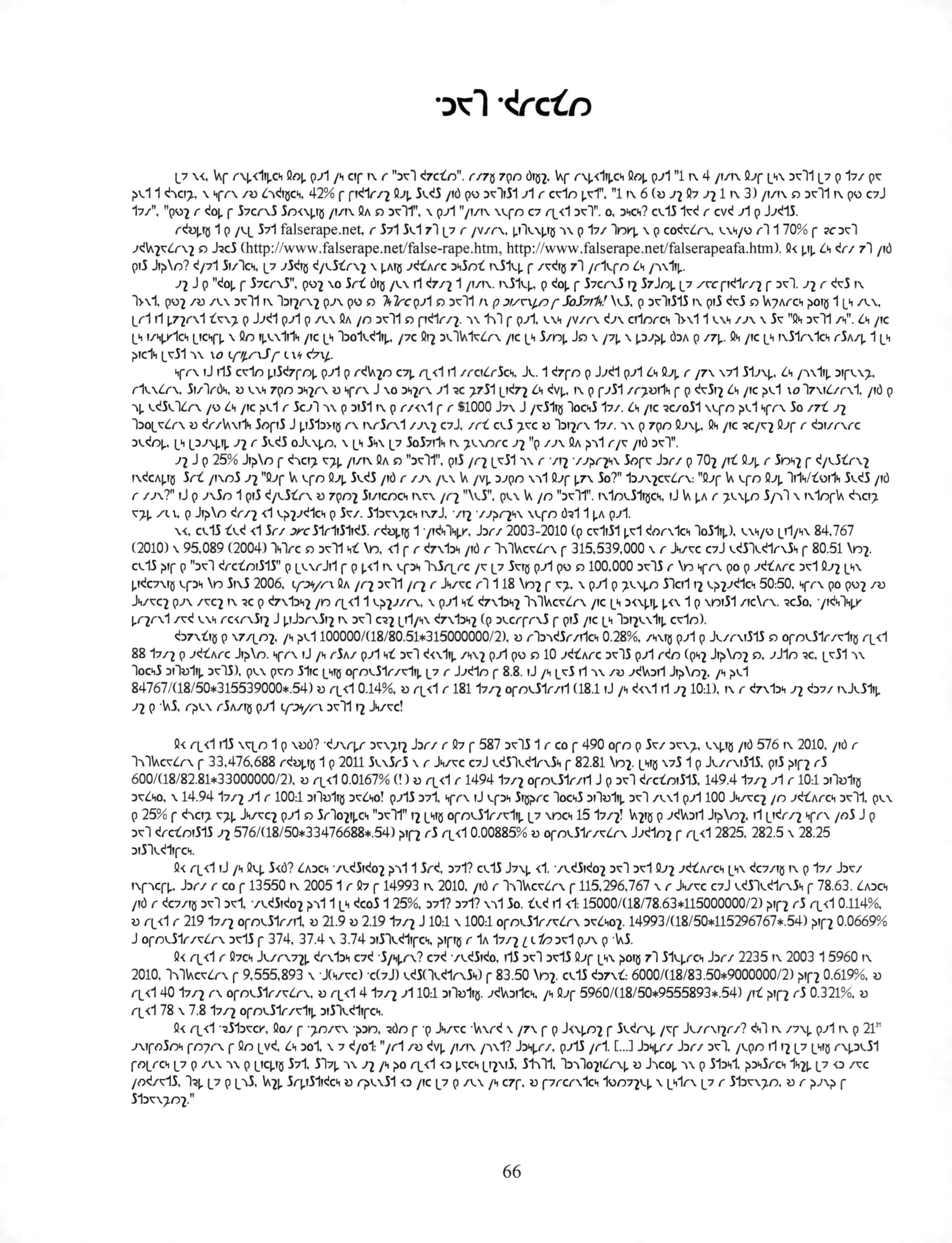

[illegible]

[illegible] "[illegible]". [illegible] "1 [illegible] 4 [illegible] [illegible] 42% [illegible]", "1 [illegible] 6 ([illegible] 1 [illegible] 3) [illegible]", "[illegible]", [illegible] "[illegible]". [illegible]?

[illegible] 1 [illegible] falserape.net, [illegible] 1 70% [illegible] (http://www.falserape.net/false-rape.htm, http://www.falserape.net/falserapeafa.htm). [illegible]? [illegible]

[illegible] "[illegible]", [illegible] 1 [illegible]! [illegible] 1 [illegible] "[illegible]". [illegible] 1 [illegible]

[illegible] 1 [illegible] 1 [illegible] $1000 [illegible] "[illegible]".

[illegible] 25% [illegible] "[illegible]", [illegible] 70 [illegible] "[illegible]?" [illegible]: "[illegible]?" [illegible] 1 [illegible] "[illegible]", [illegible] "[illegible]". [illegible] 1 [illegible]

[illegible] 1 [illegible] 2003-2010 ([illegible]), [illegible] 84,767 (2010) [illegible] 95,089 (2004) [illegible] 315,539,000 [illegible] 80.51 [illegible]. [illegible] "[illegible]" [illegible] 100,000 [illegible] 2006, [illegible] 1 18 [illegible] 50:50, [illegible] 1 [illegible] ([illegible]).

[illegible] 100000/(18/80.51*315000000/2), [illegible] 0.28%, [illegible] 88 [illegible] 10 [illegible] 8.8. [illegible] 84767/(18/50*315539000*.54) [illegible] 0.14%, [illegible] 181 [illegible] (18.1 [illegible] 10:1), [illegible]!

[illegible] 1 [illegible]? [illegible] 587 [illegible] 1 [illegible] 490 [illegible] 576 [illegible] 2010, [illegible] 33,476,688 [illegible] 1 [illegible] 2011 [illegible] 82.81 [illegible] 1 [illegible] 600/(18/82.81*33000000/2), [illegible] 0.0167% (!) [illegible] 1494 [illegible], 149.4 [illegible] 10:1 [illegible], [illegible] 14.94 [illegible] 100:1 [illegible]! [illegible] 100 [illegible] 25% [illegible] "[illegible]" [illegible] 15 [illegible]! [illegible] 576/(18/50*33476688*.54) [illegible] 0.00885% [illegible] 2825, 282.5 [illegible] 28.25 [illegible].

[illegible]? [illegible] 1 [illegible]? [illegible] 13550 [illegible] 2005 1 [illegible] 14993 [illegible] 2010, [illegible] 115,296,767 [illegible] 78.63. [illegible] 1 [illegible] 1 25%, [illegible]? [illegible]? [illegible]: 15000/(18/78.63*115000000/2) [illegible] 0.114%, [illegible] 219 [illegible], [illegible] 21.9 [illegible] 2.19 [illegible] 10:1 [illegible] 100:1 [illegible]. 14993/(18/50*115296767*.54) [illegible] 0.0669% [illegible] 374, 37.4 [illegible] 3.74 [illegible].

[illegible]? [illegible] 2235 [illegible] 2003 1 5960 [illegible] 2010, [illegible] 9,555,893 [illegible] 83.50 [illegible]: 6000/(18/83.50*9000000/2) [illegible] 0.619%, [illegible] 40 [illegible] 4 [illegible] 10:1 [illegible]. [illegible] 5960/(18/50*9555893*.54) [illegible] 0.321%, [illegible] 78 [illegible] 7.8 [illegible].

[illegible]? [illegible] 21st [illegible]: "[illegible]? [illegible]. [...] [illegible]."

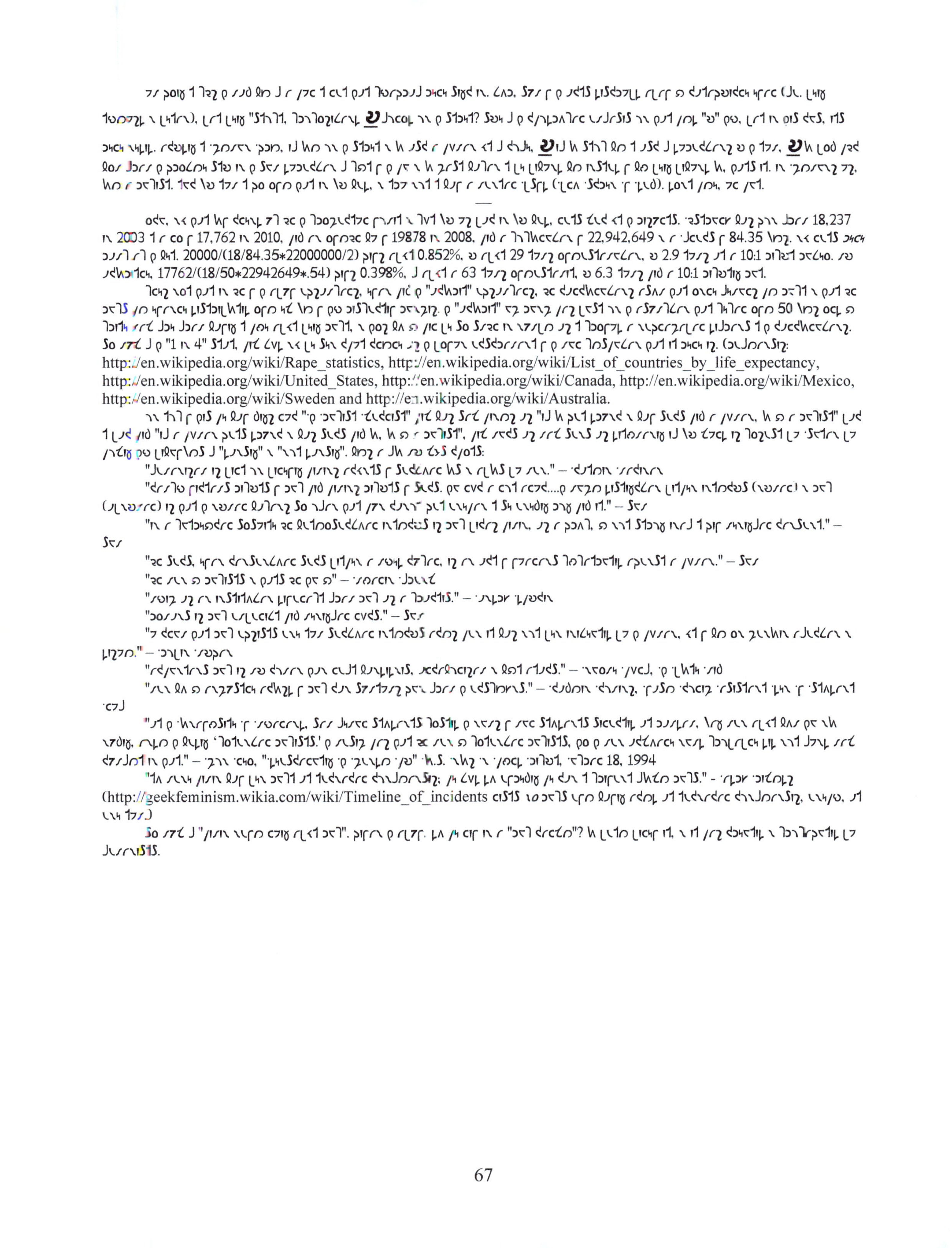

[illegible]

[illegible] 18,237 [illegible] 2003 [illegible] 17,762 [illegible] 2010, [illegible] 19878 [illegible] 2008, [illegible] 22,942,649 [illegible] 84.35 [illegible] 20000/(18/84.35*22000000/2) [illegible] 0.852%, [illegible] 29 [illegible] 2.9 [illegible] 10:1 [illegible] 17762/(18/50*22942649*.54) [illegible] 0.398%, [illegible] 63 [illegible] 6.3 [illegible] 10:1 [illegible]

[illegible] 50 [illegible] "1 [illegible] 4" [illegible]: http://en.wikipedia.org/wiki/Rape_statistics, http://en.wikipedia.org/wiki/List_of_countries_by_life_expectancy, http://en.wikipedia.org/wiki/United_States, http://en.wikipedia.org/wiki/Canada, http://en.wikipedia.org/wiki/Mexico, http://en.wikipedia.org/wiki/Sweden and http://en.wikipedia.org/wiki/Australia.

[illegible]

"[illegible]." – [illegible]

"[illegible]." – [illegible]

"[illegible]." – [illegible]

"[illegible]." – [illegible]

"[illegible]" – [illegible]

"[illegible]." – [illegible]

"[illegible]." – [illegible]

"[illegible]." – [illegible]

"[illegible]." – [illegible]

"[illegible]." – [illegible]

"[illegible]." – [illegible] 18, 1994

"[illegible]." - [illegible] (http://geekfeminism.wikia.com/wiki/Timeline_of_incidents [illegible])

[illegible]

[illegible]

"[illegible]" – [illegible]

[illegible]

[illegible] 15 [illegible] 34 [illegible] ([illegible]: http://livewirereview.com/pay-child-support/). [illegible]

[illegible] 1910 [illegible] 2005, [illegible] ([illegible]: http://news.bbc.co.uk/2/hi/uk_news/england/merseyside/4253849.stm) [illegible]

[illegible] 1909 [illegible] 2008, [illegible] I, [illegible]

[illegible]

[illegible]

[illegible]

[illegible]

[illegible]

[illegible] – http://avoiceformen.com – [illegible]
[illegible] – http://www.angryharry.com – [illegible]
[illegible] – http://www.ncfm.org
[illegible] – http://www.fathers-4-justice.org
[illegible] – http://www.earlsilvermancenter.org
[illegible] - http://www.cafepress.com/combatsexism – [illegible]

[illegible]

[illegible] – http://goodmenproject.com – [illegible]
[illegible] – http://mgtowforums.com – [illegible]

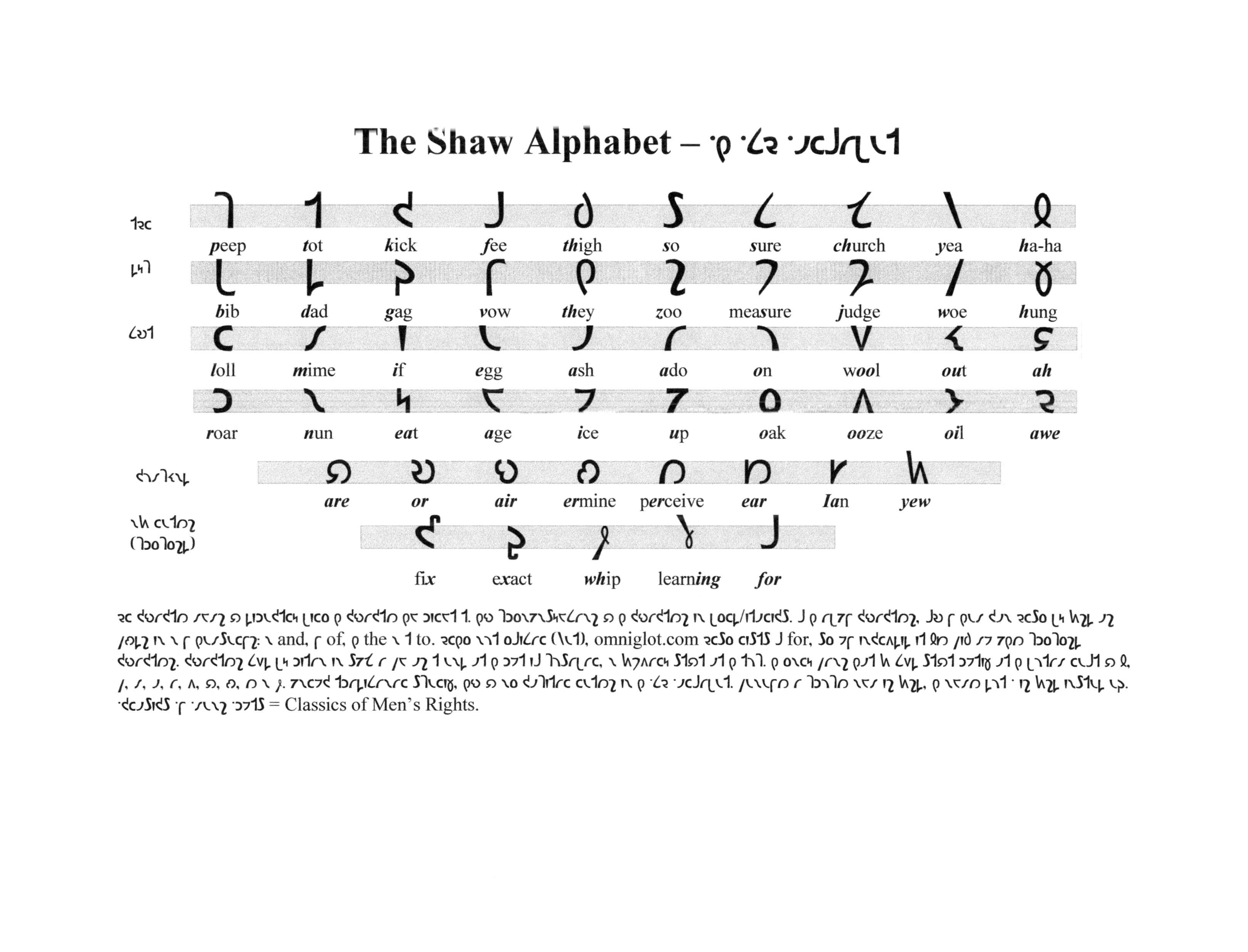

The Shaw Alphabet

[Tall]	𐑐	𐑑	𐑒	𐑓	𐑔	𐑕	𐑖	𐑗	𐑘	𐑣
	***p**eep*	***t**ot*	***k**ick*	***f**ee*	***th**igh*	***s**o*	***s**ure*	***ch**urch*	***y**ea*	***h**a-ha*
[Deep]	𐑚	𐑛	𐑜	𐑝	𐑞	𐑟	𐑠	𐑡	𐑢	𐑙
	***b**ib*	***d**ad*	***g**ag*	**v**ow	***th**ey*	**z**oo	mea**s**ure	***j**udge*	***w**oe*	***h**ung*
[Short]	𐑤	𐑥	𐑦	𐑧	𐑨	𐑩	𐑪	𐑫	𐑬	𐑭
	***l**oll*	***m**ime*	***i**f*	***e**gg*	***a**sh*	***a**do*	***o**n*	w**oo**l	***ou**t*	***ah***
	𐑮	𐑯	𐑰	𐑱	𐑲	𐑳	𐑴	𐑵	𐑶	𐑷
	***r**oar*	***n**un*	***ea**t*	***a**ge*	***i**ce*	***u**p*	***o**ak*	***ooze***	***oi**l*	***awe***
		𐑸	𐑹	𐑺	𐑻	𐑼	𐑽	𐑾	𐑿	
		are	***or***	***air***	***er**mine*	p**er**ceive	***ear***	***Ia**n*	***yew***	
			fi***x***	e***x***act	***wh**ip*	learn***ing***	***for***			

www.ingramcontent.com/pod-product-compliance
Lightning Source LLC
Chambersburg PA
CBHW051421200326
41520CB00023B/7324
* 9 7 8 0 9 9 1 8 1 9 3 4 8 *